Led Zeppelin

Biografia Ilustrada

CB132139

EDITORA escala

Mais rock'n'roll impossível

Por Marco Bezzi

Uma das formas de apresentar um produto é compará-lo com o que de melhor a indústria fabricou anteriormente. No quesito música, não usar os Beatles como o topo da cadeia é o mesmo que querer discutir com as paredes. Todas as bandas de rock que surgiram após a hecatombe de Liverpool foram colocadas lado a lado aos *Fab Four*. E, claro, tiveram de se contentar com o posto de súditos. Entretanto, quando o ex-guitarrista do Yardbirds, Jimmy Page, decidiu formar o Led Zeppelin no final de 1968, por pouco os rumos do *rock'n'roll* não tiveram de ser revistos. Em 1973, o grupo formado por Page, Robert Plant (vocalista), John Paul Jones (baixista) e John Bonham (baterista) levou 56.800 pessoas ao Tampa Stadium, na Flórida, batendo o recorde de público em uma única apresentação nos Estados Unidos, que antes pertencia aos... Beatles. Dois anos depois, na época do lançamento do álbum duplo *Physical Graffiti*, o Led Zeppelin bateria outro recorde na América: conseguiu emplacar seus seis álbuns lançados até aquele momento na parada da Billboard 200 ao mesmo tempo, um feito nunca antes alcançado por nenhum outro grupo.

Muito mais do que os números, a banda inglesa fazia questão de ostentar todo seu poder. O quarteto tinha à sua disposição um avião particular, drogas, bebidas, mulheres à vontade e uma teimosia sem precedentes de conquistar o mundo. Tudo isso embasado por músicos que dominavam como ninguém seus instrumentos musicais.

Quando Jimmy Page deixou o Yardbirds, em 1968, decidiu que sua próxima banda eclipsaria todas as demais. A escolha de Robert Plant para os vocais foi o encaixe perfeito para sua aura sombria. O bruxo da magia negra teria o "deus dourado" ao seu lado a fim de contrabalançar o sol e a lua em um mesmo espaço.
Com o fim dos Beatles, em 1970, sobraram Stones e Zeppelin para tomar a coroa do rock. Antes tímidos diante da mídia, Plant decidiu tomar a dianteira quando percebeu, em 1972, que mesmo vendendo mais discos e ingressos para seus concertos, eram os Stones que estampavam as capas de jornais e revistas. Era a vez do Zeppelin colocar a cara para fora.

A mudança comportamental deu certo e criou novos paradigmas para a indústria musical. Entre 1975 e 1977, o Led Zeppelin não só havia varrido todos os seus concorrentes para debaixo do tapete como os ingressos dos seus shows esgotavam em horas na Inglaterra e nos Estados Unidos. A equipe de segurança, antes apenas mais um detalhe entre as bandas de rock, virou prioridade para o grupo. Foi nessa época que mitos como quebradeiras em hotéis, destruições de camarins e a violência explícita entre público, leões de chácara e banda – Peter Grant, empresário do quarteto, achacava donos de rádio e de casa de shows para garantir que seus contratados tivessem o melhor tratamento possível – ganharam as páginas das enciclopédias do rock.

As drogas que corroíam seus integrantes perto do trágico fim – que culminou na morte por overdose do baterista John Bonham em 1980 –, antes, passavam despercebidas no início espetacular de uma discografia impecável. Led Zeppelin (1969), *Led Zeppelin II* (1969), *Led Zeppelin III* (1970), *Led Zeppelin IV* (1971), *Houses of the Holy* (1973) e *Physical Graffiti* (1975) elevaram a alquimia perfeita entre o folk, o rock e o heavy metal. Às duras penas, o quarteto liderado pelo genial Jimmy Page conquistou seu lugar entre os grandes da história do rock. Os álbuns posteriores, *Presence* (1976), *In Through the Out Door* (1979) e o póstumo *Coda* (1982) são esboços maltraçados daquilo que o Led Zeppelin havia sido nos anos dourados.

Os retornos esporádicos da dupla Page e Plant durante os anos seguintes causaram suspiros tanto nos veteranos como nas novas gerações que foram descobrir a magia do grupo por meio de ídolos recentes como Pearl Jam e Wolfmother, por exemplo. E caso *Stairway To Heaven* e *Rock and Roll* traga aquele ranço de "dinossauro do rock", não deixe de destrinchar o restante da obra assombrosa do grupo o mais rápido possível. Pois caso os Beatles fossem adeptos do hard hock, eles certamente gostariam de ter sido o Led Zeppelin. É bom não duvidar.

Sumário

Editora escala

Av. Profª. Ida Kolb, 551
Jardim das Laranjeiras
São Paulo - SP - CEP 02518-000
Telefone: +55 11 3855.2100
Fax: +55 11 3857.9643

Venda de livros no atacado:
Telefones: +55 11 3855.2120
+55 11 3855.2148

www.escala.com.br
vendas@escala.com.br
livrosescala@escala.com.br

Impressão e acabamento:
Oceano Indústria Gráfica Ltda.

Dados Internacionais de Catalogação na Publicação (CIP)
(Câmara Brasileira do Livro, SP, Brasil)

Led Zeppelin : uma biografia ilustrada / Tim Hill...[et al.] ; tradução e revisão técnica Heitor Pitombo. -- São Paulo : Editora Escala, 2010.

Outros autores: Alison Gauntlett, Gareth Thomas, Jane Benn
Título original: Led Zeppelin : the illustrated biography
Bibliografia
ISBN 978-85-389-0076-4

1. Led Zeppelin (Grupo musical) 2. Músicos de rock - Inglaterra - Biografia I. Hill, Tim. II. Gauntlett, Alison. III. Thomas, Gareth. IV. Benn, Jane.

10-10319 CDD-782.42166092

Índices para catálogo sistemático:

1. Led Zeppelin : Músicos de rock : Biografia ilustrada 782.42166092

Coordenação Editorial: *Franco de Rosa* **Projeto e Direção de Arte:** *Daniel de Rosa* **Tradução:** *Heitor Pitombo* **Revisão:** *Walter Sagardoy* **Revisão Técnica:** *René Ferri* **Capa:** *Fernando Morra e Franco de Rosa* **Apresentação:** *Marco Bezzi* **Fotos:** *Getty Images*

ISBN: 978-85-389-0076-4

Título Original: *Led Zeppelin - The Illustrated Biography*
Autor: Gareth Thomas

Copyright © 2009 Transatlantic Press. Todas as fotografias de Copyright © Getty Images exceto nas páginas 10, 48, 49,52, 53, 64, 67, 72, 73, 82, 109, 112, 114, 122, 215 cujos direitos são de Copyright © Atlantic Publishing. Copyright © 2010 Editora Escala Ltda.

1º edição brasileira: 2010 - Direitos de edição em língua portuguesa, para o Brasil, adquiridos por Editora Escala Ltda. Todos os direitos reservados. Nenhuma parte deste livro pode ser reproduzida por quaisquer meios existentes sem autorização por escrito dos editores e detentores dos direitos.

TIM HILL • ALISON GAUNTLETT • GARETH THOMAS • JANE BENN

Led Zeppelin

Biografia Ilustrada

Tradução e Revisão Técnica:
Heitor Pitombo

Introdução

Quando Jimmy Page, Robert Plant, John Paul Jones e John 'Bonzo' Bonham se juntaram pela primeira vez em um local de ensaio, em Londres, no final de 1968, poucos podiam vaticinar que em apenas cinco anos eles estariam no comando da maior banda de rock do mundo, rumo a um nível de sucesso quase sem precedentes.

Talvez menos pessoas ainda poderiam prever seu apelo e impacto duradouros, porém, com uma combinação de talento bruto, determinação obstinada e apoio fanático do público de todo o mundo, o Led Zeppelin iria transcender seu início relativamente desapontador para se estabelecer como uma das mais importantes e influentes bandas na história do rock and roll.

Inicialmente conduzido por Page, que havia se juntado à banda na esteira do final dos Yardbirds, o Led Zeppelin rapidamente desenvolveu um som distinto, que combinava a prática musical dos ex-músicos de estúdio Page e Jones com a paixão desenfreada de Plant e Bonham. Enquanto enraizada nos blues, sua música, ao se desenvolver, viria misturar influências de *folk, country, soul, funk* e *reggae,* além de outras, vindas do Oriente Médio, Ásia e África. Caracterizada pela voz imperativa e carregada de *soul* de Plant, pelos *riffs* e solos virtuosos de Page, o contrabaixo energético, o melódico e atmosférico teclado de Jones, mais a potência e destreza de Bonham, a música do Led Zeppelin iria efetivamente definir o som do hard rock nos anos 1970 – demonstrando um contraste perfeito entre sensibilidade e peso.

Contudo, essa dinâmica entre luz e sombra iria resultar no reflexo dos extremos altos e baixos da carreira do Led Zeppelin, com seu sucesso sendo contaminado por rumores de vícios em drogas, práticas libertinas e até rituais mágicos, enquanto anos mais tarde a banda seria atingida por tragédias pessoais, como o grave acidente de carro sofrido por Robert Plant em 1975, a morte de seu filho apenas dois anos depois e a trágica morte de John Bonham em 1980, o que levou o grupo a finalmente se decidir pela dissolução.

Por meio de uma combinação de fotos maravilhosas e legendas perspicazes, este livro relata a meteórica ascensão à fama de uma das maiores bandas do mundo, desde suas raízes, na cena do blues inglês, através dos altos e baixos das extensivas turnês, o sucesso e excessos do estrelato, até assumir seu lugar justo no panteão do rock and roll. Ademais, o livro traça os projetos solos, as colaborações e reuniões que tiveram lugar desde a dissolução oficial do Led Zeppelin em 1980, incluindo a triunfante volta aos palcos em 2007, esperada por tão longo tempo.

A partir de seus primeiros dias, até obter a posição de um dos grupos de maior sucesso de todos os tempos, a postura intransigente do Led Zeppelin, o dinamismo e inovação distinguem seus músicos como autênticos pioneiros que estabeleceram um legado que continua a influenciar e encantar novas gerações de músicos e fãs até os dias de hoje.

Parte Um

Atordoado e Confuso

Guitarrista de talento

À esquerda: Jimmy Page em 1965. Ele conseguiu sua primeira guitarra aos 13 anos, em 1957, e aos 14 apareceu na televisão em um show de calouros. Em 1961, ele já estava tocando profissionalmente com Neil Christian and The Crusaders, fazendo sua estreia no compacto "The Road To Love". Depois de um surto de febre glandular, Jimmy deixou de fazer turnês para entrar na faculdade de artes em Sutton, mas logo estava de volta aos palcos e às gravações, tornando-se um músico de estúdio muito requisitado. No começo dos anos 1960, "Little Jimmy Page" tocou em faixas gravadas por artistas individuais e bandas como The Kinks, The Nashville Teens, Them, Tom Jones e The Who.

Acima: Tendo previamente recusado um convite para substituir Eric Clapton nos Yardbirds — na ocasião recomendou seu amigo Jeff Beck —, Jimmy cedeu em junho de 1966, inicialmente assumindo o contrabaixo, antes de se juntar a Beck nas funções de solista de guitarra. Entretanto, em questão de meses, Beck abandonou o grupo, e por volta do princípio de 1968, em um contexto em que havia aumento da pressão comercial e diferenças musicais entre seus membros, o grupo The Yardbirds começou a se separar.

The Band of Joy

À direita: Page durante seus dias nos Yardbirds. Com os Yardbirds começando a se separar, Page passou a considerar manter a banda com novos membros. Enquanto ele havia estabelecido sua reputação de 'jovem guitarrista versátil e moderno', similarmente John Paul Jones havia feito seu nome como baixista e arranjador, embora com menos estardalhaço. Ao ouvir dizer do possível novo empreendimento de Jimmy, Jones fez com que ele soubesse que seus serviços estavam disponíveis. Em suas atividades profissionais, seus caminhos haviam se cruzado em mais de uma ocasião, Page já conhecia a considerável habilidade de Jones; entretanto, uma questão permanecia: onde, afinal, ele encontraria um cantor e um baterista adequados e talentosos.

Acima: The Band of Joy, em 1968 (com Robert Plant e John Bonham, segundo e terceiro, da esquerda para direita). Tendo antes abordado o cantor Terry Reid, este recomendou que Page ouvisse Robert Plant, cantor relativamente desconhecido de Staffordshire, que havia recentemente se associado a Alexis Korner, o 'Pai do blues inglês'. Antes disso, Plant passou anos ligado a várias bandas da cena de blues e soul de Midlands (centro da Inglaterra), sendo talvez The Band of Joy a mais célebre, em cuja última formação despontava um notório e vigoroso baterista chamado John Henry Bonham.

Completando a formação

À esquerda e à direita: Primeiras fotos promocionais do The New Yardbirds. Tendo assistido a Robert Plant se apresentar com a banda Hobstweedle, perto de Birmingham, Jimmy Page convidou-o para passar alguns dias em sua casa à margem do rio, em Pangbourne, Berkshire. Eles ouviram música e discutiram planos para a formação de uma nova banda, com Plant recomendando seu antigo parceiro John Bonham para ser o baterista. Entretanto, com trabalho fixo na banda de apoio de Tim Rose e com convites vindos de Joe Cocker e Chris Farlowe, Bonham havia de ser convencido. Bonham preocupava-se que The Yardbirds era uma entidade falida, particularmente na Grã-Bretanha, mas Page e Plant insistiram com ele repetidas vezes, e em agosto a formação estava completa. Mais tarde, naquele mês, Page, Plant, Jones e Bonham estavam reunidos em um estúdio em um porão de Londres para seu primeiro ensaio. Era a primeira vez que Plant e Bonham encontravam Jones, e todos estavam compreensivelmente se testando, mas seus medos foram logo afastados pela química musical estabelecida entre eles. E foi tudo tão bem que em questão de dias o grupo seguiria para a Escandinávia, pois Jimmy Page e o empresário Peter Grant haviam não apenas herdado os direitos do nome dos Yardbirds, mas também suas obrigações contratuais.

Primeira apresentação

À esquerda e acima: Em 7 de setembro de 1968, a banda debutou com sua primeira apresentação em Gladsaxe, Dinamarca. Foi o primeiro dos dois shows daquela noite — o segundo aconteceu na vizinha Brondby —, início de uma turnê de uma semana de duração, pela Dinamarca e Suécia, durante a qual a banda seria anunciada como 'The Yardbirds' e 'The Yardbirds estrelando Jimmy Page'. Pegando a sugestão dada em seu primeiro ensaio, o repertório incluía alguns números dos Yardbirds, como "Train Kept a Rolling" e "Dazed and Confused", o qual incluía o uso de arco de violino por Jimmy nas cordas de sua guitarra, assim como uma favorita da Band of Joy, "As Long As I Have You" , de Garnett Mimms. Contudo, mesmo nesse primeiro estágio, um som distinto começava a emergir, o qual uniu a musicalidade estudada de Page e Jones com a crueza, a potência rude dos vocais de Plant e o ataque de bateria trovejante de Bonham.

Dos Yardbirds para o Led Zeppelin

Retornando à Inglaterra em meados de setembro, era evidente que o grupo precisava de um novo nome que os diferenciasse dos antigos Yardbirds. Não apenas eles começaram a se mover em novas direções, mas permanecia a possibilidade de uma interpelação legal de Chris Dreja, ex-baixista dos Yardbirds, que mantinha os direitos do nome. Lembrando de uma conversa que tivera com Keith Moon e John Entwhistle do The Who, com quem Page considerou formar um supergrupo dois anos antes, Jimmy proferiu 'Lead Zeppelin' — uma referência a 'desabar como um zepelim de chumbo' — e o nome pegou, com uma pequena mudança na escrita para evitar a pronúncia errada.

Por volta do final daquele mês, o Led Zeppelin entrou em estúdio para suas primeiras gravações, antes de embarcar em uma série de apresentações em clubes e universidades, sendo que a primeira com o novo nome se deu em 25 de outubro, na Surrey University. No mês seguinte, a gravação do primeiro álbum, homônimo, foi completada em Londres, e poucos dias antes do Natal de 1968 eles decolaram para os EUA, para dar início a sua primeira turnê norte-americana, no *Boxing Day* (26 de dezembro), no Coliseum de Denver, no Colorado.

Sucesso nos EUA

À esquerda: Jones é visto durante uma gravação para a tevê dinamarquesa, em Copenhague, em março de 1969. Na época, a primeira excursão norte-americana havia se completado em Miami, em meados de fevereiro. O Led Zeppelin havia deixado uma boa impressão diante do público americano, com uma série de performances triunfantes em Hollywood, São Francisco, Boston e Nova York. Entretanto, seu primeiro álbum, que havia sido editado nos EUA em janeiro, não foi tão bem recebido pela maioria da imprensa, que pareceu considerá-lo previsível e estereotipado. Entretanto, a banda estava disposta a manter seu ímpeto, embarcando em uma série de shows na Inglaterra e outras partes da Europa, de 1º de março a meados de abril, retornando nesse período à Suécia e Dinamarca, e gravando sua primeira sessão para a BBC.

À direita: Em 18 de abril, apenas poucos dias depois de completar o giro pelo Reino Unido, a banda estava de volta aos EUA, para dar início à segunda turnê norte-americana, no Jazz Festival da New York University.

Primeiro álbum chega ao Top 10, nos Estados Unidos

À esquerda e acima: Led Zeppelin passa por um aeroporto durante sua segunda viagem aos Estados Unidos. A turnê começou em Nova York, seguiram para São Francisco para quatro noites, se apresentando no Winterland Ballroom e no Fillmore West, com o apoio de Julie Driscoll, Brian Auger and The Trinity, assim como da Coldwell-Winfield Blues Band. "Whole Lotta Love" foi tocada pela primeira vez ao vivo no Winterland, em 26 de abril, e o novo material foi desenvolvido fora e dentro dos palcos. A turnê foi pontuada por uma série de sessões em estúdio, em Nova York, Los Angeles e Vancouver, com o objetivo de completar o segundo álbum, com lançamento previsto para o verão. Em maio, o álbum de estreia, *Led Zeppelin*, estava no *Top 10* americano e sua popularidade continuava a crescer, assim como sua confiança. Menos de seis meses se haviam passado desde os primeiros shows na América, e mesmo assim o Led Zeppelin já estava começando a dividir o faturamento como atração principal em shows realizados com ingressos esgotados.

Os malcomportados

Acima: John Bonham em ensaios durante a segunda turnê americana. À medida que a turnê progredia através da Califórnia, indo para o norte, até o Canadá e Seattle, o Led Zeppelin não foi apenas desenvolvendo fama pelas suas apresentações devastadoras ao vivo, mas também por praticar destruição e libertinagem, com quartos de hotéis sendo arrebentados e rumores circulando sobre seus atos libidinosos com *groupies*. Com exceção de Jimmy Page, os membros do grupo estavam agora casados e com filhos, mas a combinação de tédio, solidão e adrenalina pós-performance levavam todos a cometer excessos; juntos com o organizador da turnê Richard Cole, Bonham em particular, ganharam reputação pelo péssimo comportamento.

À direita: John Paul Jones com o fotógrafo Charles Bonnay. Embora Jones não fosse indiferente aos excessos da vida na estrada, ele tendia a se manter mais discreto que seus colegas de banda, preferindo escapar do quarto de hotel quando possível e visitar as atrações locais.

A vida na estrada

À esquerda e acima: Page e Plant no restaurante de um hotel de Howard Johnson. Apesar de toda curtição, a vida na estrada podia ser dura para o Led Zeppelin. Frequentemente eles eram ridicularizados por causa de seus cabelos longos e roupas extravagantes, e não raras vezes enfrentavam resistência para serem atendidos em restaurantes. Contudo, certas experiências durante a turnê eram de modo geral de natureza mais tenebrosa e aflitiva. Ao Chegar ao hotel em Detroit, em meados de maio, depois de viajarem 4 mil milhas, vindos de Honolulu, a banda testemunhou uma cena de assassinato bem na entrada. Mesmo com a recepção calorosa que vinha recebendo dos fãs nos shows, a banda continuava tendo de enfrentar uma imprensa fortemente hostil. Quando a jornalista Ellen Sander, da *Life Magazine*, se integrou à comitiva do Led Zeppelin em Detroit, Peter Grant incentivou o bom comportamento de todos. A oportunidade para a redenção foi desperdiçada quando Sander se recusou a completar sua reportagem, o que foi talvez justo, pois enquanto a banda a considerou indiferente e hostil, ela não vacilou em considerá-los, antes de tudo, depravados.

Ao vivo, com The Who

À esquerda: Led Zeppelin ao vivo na Costa Oeste, EUA, na primavera de 1969.

Depois de apresentações em Athens e Minneapolis, o Zeppelin seguiu para duas noites no Kinetic Playground, em Chicago, nos dias 23 e 24 de maio. Esperava-se que a banda tocasse no Northern California Folk-Rock Festival, junto de The Jimi Hendrix Experience e Jefferson Airplane naquele final de semana, porém, o Led Zeppelin preferiu não comparecer. Em vez disso, em 25 de maio dividiu um único show com seus amigos do rock inglês, The Who, no Merriweather Post Pavilion, em Columbia, Maryland.

À direita: Peter Grant leva o Led Zeppelin para fazer compras em uma loja da moda, House of Lewis. A casa se tornou tão famosa por patrocinar celebridades quanto pelo *design* inovador das roupas que produzia, contando com astros como o Zeppelin, Joe Cocker e os Rolling Stones entre sua clientela. Grant mantinha a reputação como empresário temível, com quem não se deve mexer. Ele assegurou para sua banda um acordo sem precedentes com a Atlantic Records e se manteve sempre alerta contra promotores e donos de teatros sem escrúpulos.

O estilo vocal distinto de Plant

Ao lado e acima: Se Plant e Bonham se sentiram na sombra de Jimmy Page durante a primeira turnê americana, agora eles estavam começando a ser reconhecidos por suas distintas personalidades e contribuições musicais. Além dos múltiplos bis concedidos, o Led Zeppelin frequentemente fechava seus shows com um longo solo de bateria de Bonham, durante o qual ele atirava longe suas baquetas e tocava com as mãos nuas — muitas vezes, até elas sangrarem. Intitulado "Pat's Delight", em homenagem a sua esposa, o solo oferecia a Bonham uma chance de pôr para fora toda a energia e de demonstrar seu formidável talento. Robert Plant, enquanto isso, estava rapidamente se tornando o astro da banda. Como membro que se postava à frente do grupo, isso talvez já fosse esperado, mas Plant estava não apenas desenvolvendo seu estilo vocal diferente e dominando o palco — nos bastidores, ele estava também começando a desenvolver uma parceria com Page na composição, notadamente, escrevendo a letra completa de "Thank You".

Sentindo a pressão

À direita e acima: Perto do fim da segunda turnê americana, o Led Zeppelin estava começando a sentir as pressões produzidas pelo número exagerado de shows programados e pelo tempo seguido na estrada. Depois dos shows em Chicago e Maryland, Jimmy Page, com a saúde sempre frágil, contraiu uma forte gripe, e Plant, Jones e Bonham sofriam com a falta de suas famílias. Desde sua primeira apresentação em setembro de 1968, a banda manteve-se permanentemente na estrada, e Plant se sentia mortalmente culpado pela falta de tempo para ficar com sua esposa e filha. Plant se casou com Maureen Wilson em 9 de novembro, e naquela noite mesmo ele havia subido no palco do clube Roundhouse, em Londres; sua filha, Carmen, nascera no meio da turnê britânica, apenas poucas semanas antes de a banda embarcar em sua primeira viagem através dos Estados Unidos.

NS WORLD
TRANS WORLD
TWA

Trabalhando no segundo álbum

À direita: Page, Plant e Jones no *foyer* do Tea Party, em Boston, em maio de 1969. Apesar da tensão que começava a mostrar, sempre havia um pouco de tempo para o Led Zeppelin relaxar ou se recuperar, além do que, logo os músicos estariam viajando para casa. Depois de Maryland, o grupo seguiu para Boston, para três noites no Tea Party, onde foi assistido pelos membros da gravadora Atlantic Records, e onde teve o apoio do grupo de hard rock Zephyr, banda do guitarrista Tommy Bolin. O Led Zeppelin foi contratado para tocar apenas 50 minutos, mas suas apresentações se estendiam para até uma hora e meia, incorporando *jam sessions* (improvisos) extensos e vários bis, nos quais tipicamente improvisava *medleys* (misturas) de clássicos de blues e ocasionais interpretações de músicas dos Beatles e Rolling Stones.

Acima: Jimmy Page em um estúdio de gravação americano, no final de maio. Com a turnê chegando ao final, o Led Zeppelin ainda precisava concluir seu segundo álbum, e no fim daquele mês voltou ao estúdio para registrar faixas como "What Is And What Should Never Be", "Heartbreaker' e 'Ramble On".

IMPORTED

Fillmore East

À esquerda e acima: Page e Bonham nos bastidores do Fillmore East, Nova York. A segunda turnê americana foi concluída com quatro shows com lotação esgotada, realizados em dois dias, quando o Led Zeppelin teve o apoio da lenda do jazz Woody Herman e do grupo de *soul-rock* Delaney & Bonnie and Friends, que iria adquirir fama como banda de apoio do Blind Faith, supergrupo com Eric Clapton. Entretanto, o público foi assistir à atração principal e não ficou desapontado, pois o Led Zeppelin encantou com uma sequência de interpretações abrasivas. As programações abriam com a velha favorita "Train Kept a Rolling" e em um bloco incluía um *medley* de números de rock and roll primitivo, tal como "Roll Over Beethoven", de Chuck Berry, e "(Move On) Down The Line", de Jerry Lee Lewis. Os shows receberam críticas detalhadas e positivas de alguns setores, embora, como sempre, as grandes publicações, como a revista *Variety*, foram menos favoráveis, criticando a banda pela falta de sutileza e pela dependência do volume alto.

Primeiro disco de ouro

À esquerda: Plant nos bastidores do Fillmore East. Depois do último show em 31 de maio, os rapazes foram homenageados com uma festa no Hotel Plaza, de Nova York, na qual eles compareceram para receber seu primeiro disco de ouro, pelas vendas de seu primeiro álbum, *Led Zeppelin I*. Entretanto, assim que a festa acabou, Page levou o Led Zeppelin para o A&R Studios, em Nova York, para dar sequência às gravações do próximo LP.

À direita: Foto promocional tirada nos EUA em maio. Quando a banda retornou para casa no mês seguinte, o sucesso americano do Led Zeppelin havia sido divulgado na Inglaterra, mas em vez de descansar sobre louros, a banda preferiu embarcar em uma série de apresentações pela Inglaterra, começando por Birmingham, no Town Hall, no dia 13, depois seguindo para Manchester, Newcastle, Bristol e Preston. Os compromissos foram aumentados com uma série de sessões de rádio para a BBC e uma viagem para Paris, onde gravaram uma apresentação para o programa *Tous En Scene*, da tevê francesa, assim como realizaram mais algumas gravações para o segundo álbum.

Festival de Blues de Bath

À direita e acima: Subindo alto na escalada de uma onda de shows de muito sucesso pelo Reino Unido e com resenhas positivas publicadas em veículos especializados como a *NME*, em 28 de junho de 1969 o Led Zeppelin subiu ao palco para seu maior concerto britânico até então, tocando para uma multidão de 12 mil pessoas no Festival de Blues de Bath, em uma programação que incluía Fleetwood Mac, John Mayall, Ten Years After, The Nice e Roy Harper. Apesar de tocar na abertura, à tarde, e com as limitações de um repertório relativamente curto, o Zeppelin encantou as massas – assim como ocorreu na noite seguinte, fechando a turnê pelo Reino Unido, quando se apresentou como atração principal no Royal Albert Hall, na primeira noite dos *Pop Proms*. Tendo ultrapassado alguns minutos de seu tempo de apresentação, a eletricidade da banda foi brevemente cortada, as pessoas começaram a abandonar o auditório, mas a força foi restaurada após os protestos de Plant, para o delírio dos fãs que permaneceram e que foram agraciados com uma versão de "Long Tall Sally", de Little Richard.

Ludwig

Newport Jazz Festival

À direita: Led Zeppelin no Newport Jazz Festival, em Rhode Island. Tendo feito seu primeiro autêntico avanço na área doméstica, e com seu primeiro álbum alcançando o *Top 5* na parada inglesa, o Led Zeppelin voltou suas atenções para o mercado norte-americano, lançando sua terceira turnê no Atlanta Pop Festival, em 5 de julho. Este show foi seguido de uma apresentação no Newport Jazz Festival e, junto a apresentações menores, a banda apareceu em uma série numerosa de grandes eventos realizados ao ar livre durante julho e agosto, incluindo o Schaefer Music Festival, no Central Park, o Mid-West Rock Festival e o Seattle Pop Festival. No Singer Bowl Music Festival, em Nova York, Peter Grant teve de retirar Bonham quase sem roupa do palco depois de ele se juntar ao Jeff Beck Group para uma *jam session*. Ao mesmo tempo, Jimmy Page completou a mixagem final de *Led Zeppelin II*, e em 31 de agosto a turnê terminou com uma apresentação no Texas International Pop Festival.

À esquerda: Page no palco, em Bath.

Um ano depois

À direita e acima: O Led Zeppelin nos bastidores do Lyceum Theatre, em Londres. Em setembro de 1969, depois de um ano de turnês incessantes, o Led Zeppelin estava finalmente e merecidamente descansando, sem nenhum show ou compromisso com gravações por um mês inteiro. Enquanto Jimmy Page seguiu para Marrocos e Espanha com a namorada, os outros puderam se integrar à relativa normalidade da vida em família. Foi também a chance para o grupo refletir e tomar consciência de suas conquistas — havia transcorrido pouco mais de um ano desde quando eles se reuniram em Londres para o primeiro ensaio e, embora não tivessem ainda conquistado efetivamente a América, atingiram o *Top 10* nos dois lados do Atlântico com seu álbum de estreia, estando com outro pronto, aguardando lançamento. Não demoraria para chegar outubro, quando o Zeppelin estaria de volta à estrada com uma nova coleção de canções incorporadas ao repertório, vinda do muito aguardado segundo LP. Depois de cumprir agenda na Holanda e em Paris, o Led Zeppelin chegou ao Lyceum Theatre para um show histórico.

Rock no Carnegie Hall

À esquerda e ao lado: Bonham e Jones no Lyceum Theatre, em Londres. Em 12 de outubro, o Led Zeppelin apresentou um repertório no show feito no Lyceum o qual incluiu as pré-estreias de "Heartbreaker" e "What Is And What Should Never Be", e pelo qual a banda recebeu seu maior cachê na Inglaterra até então. Menos de uma semana após o show, a banda estava mais uma vez de volta à América, lançando a turnê de outono no prestigiado Carnegie Hall — um local que não havia acolhido nenhuma banda de rock desde os Rolling Stones, cinco anos antes. A excursão foi até 8 de novembro, época em que *Led Zeppelin II* foi posto nas lojas e "Whole Lotta Love" lançada nos EUA no rádio, em versão editada. Já no Reino Unido, entretanto, Peter Grant barrou o compacto, se recusando a ceder às demandas da gravadora e das estações de rádio.

ROBERT PLANT
THE ATLANTIC ALBUM
LED ZEPPELIN

Led Zeppelin II é editado

À esquerda e ao lado: Em 11 de dezembro de 1969 o grupo foi agraciado com discos de ouro e platina pelas mãos de Gwyneth Dunwoody, a secretária do Parlamento para a Câmara do Comércio, no Savoy Hotel, em Londres. Page foi impedido de comparecer depois de sofrer pequenas lesões devido a um acidente de carro a caminho da cerimônia. Com o álbum de estreia ganhando o disco duplo de platina e ainda no *Top 20* americano, o LP *Led Zeppelin II*, lançado em 22 de outubro, com a ajuda de encomendas antecipadas maciças, chegou ao disco de ouro em apenas uma semana, subindo na parada da *Billboard* do 199° para o 15° lugar. Três semanas depois, estava no segundo lugar, atrás apenas de *Abbey Road* dos Beatles. Antes do fim do ano, ele liderava a parada, onde permaneceu por sete semanas.

'The Nobs'

Acima e à direita: John Bonham e Jimmy Page no palco em Copenhague. No início de 1970 voltaram a excursionar, tocando em uma série de shows pelo Reino Unido, antes de seguirem por outras partes da Europa; em 28 de fevereiro, tocaram em Copenhague como 'The Nobs', depois de ameaçados de uma ação legal pela Condessa Eva von Zeppelin. Assim que começou 1970, "Whole Lotta Love" subiu para o quarto lugar nas paradas americanas, enquanto *Led Zeppelin II* continuou sua escalada nas paradas britânicas.

Uma turnê carregada de problemas

À direita: Robert Plant no palco, em fevereiro de 1970.

À esquerda: Uma foto de publicidade da banda. Em março de 1970 o Zeppelin lançou sua ofensiva norte-americana na primavera, em Vancouver. Seria sua primeira excursão sem apoio, e eles iriam tocar para públicos maiores até então. Apesar de alguns pontos altos memoráveis, a turnê foi pontuada por problemas do início ao fim, com o sumiço de uma guitarra de Page em viagem para o Canadá, com Peter Grant sendo ameaçado por homens armados em Memphis, e, finalmente, com Plant afônico na véspera do último show em Las Vegas. Ao voltarem dos EUA em abril, Page e Plant foram para Bron-Yr-Aur, no País de Gales, a fim de relaxar e produzir material para o próximo álbum. Com o intuito de diminuir a exposição às condições clínicas do estúdio, começaram gravando em maio, em Headley Grange, uma mansão em Hampshire. Enquanto o verão avançava, o Led Zeppelin encontrava tempo para fazer shows ao vivo na Europa. Entre esses, um retorno triunfal ao Festival de Bath, como atração principal. Realizado em Bath, West Showground e Shepton Mallet, o festival atraiu cerca de 150 mil pessoas e foi um marco decisivo para a banda na Grã-Bretanha.

Madison Square Garden

À direita e acima: Page e Plant participam de uma coletiva de imprensa em Nova York, em setembro 1970. Depois de tocar quatro noites consecutivas na Alemanha, em julho, e de gravar algumas sessões no recém-inaugurado Island Studios, em Londres, o Led Zeppelin lançou sua sexta turnê norte-americana no Yale Bowl, em New Haven, Connecticut, em 15 de agosto. A excursão havia sido programada para começar dez dias antes, em Cincinnati, Ohio, mas várias datas foram canceladas depois de o pai de John Paul Jones ter a saúde piorada. Apesar deste revés, uma vez que a turnê teve início ela provou ser um sucesso gigante, com a banda recebendo um mínimo de 25 mil dólares por noite. Em 19 de setembro ganhou mais de 100 mil dólares pelos dois shows finais no Madison Square Garden. Entretanto, a relação do Led Zeppelin com a mídia notre-americana continuou tensa, como se percebeu em uma coletiva de imprensa realizada antes dos shows em Nova York.

FARFISA
FARFISA

Múltiplos bis

À esquerda e ao lado: Plant e Page no palco do L.A. Forum, em 4 de setembro de 1970. Tocando sem nenhum grupo de apoio, os shows do Led Zeppelin chegavam agora a duas horas de duração, o que permitia que os músicos não apenas incorporassem à programação um novo material novo que tinham escrito para o terceiro álbum, como experimentavam com longas *jam sessions* e arranjos alternativos. Os solos de bateria de John Bonham agora frequentemente excediam 15 minutos, enquanto originais como "Whole Lotta Love" e "Communication Breakdown" eram seguidos frequentemente com *medleys* de blues e clássicos do rock and roll, canções como "Let That Boy Boogie" (John Lee Hooker), "I'm Moving On" (Hank Snow) e "I Saw Her Standing There" (Beatles). Múltiplos bis também se tornaram padrão nos shows do Zeppelin, e a banda fechou a apresentação no L.A. Forum com uma versão do hit de Fats Domino "Blueberry Hill".

Coca-Cola

Repertório acústico

Acima: Jimmy Page no palco no L.A. Forum, em 4 de setembro de 1970. Durante sua sexta turnê norte-americana o Led Zeppelin tipicamente abria seus shows com a vibrante "Immigrant Song", um grito de batalha *viking* inspirado em parte pela visita do Zeppelin à Islândia, alguns meses antes. Entretanto, muito do material novo escrito para o terceiro álbum era decididamente *folksy*, de estirpe acústica, o que refletia não somente o fato de muitas daquelas canções terem sido escritas em sessões descontraídas em Bon-Yr-Aur, onde não havia eletricidade, mas também ecoava o desejo de Page e Plant em evoluir musicalmente, além de revelar um lado de sua composição mais suave e introspectiva. Daquele tempo em diante, o grupo passou a incorporar um repertório acústico em seus shows ao vivo, enquanto que John Paul Jones aumentava o uso do órgão tanto quanto o contrabaixo elétrico.

À esquerda: John Paul Jones e Jimmy Page no L.A. Forum.

Substituindo os Beatles

À esquerda: Em meados de setembro, enquanto o Led Zeppelin estava desfrutando uma pequena folga no Havaí, a revista de música inglesa *Melody Maker* publicava os resultados da enquete feita com seus leitores, declarando 'Zeppelin Supera Os Beatles'. Robert Plant foi considerado O Melhor Vocalista Masculino, *Led Zeppelin II* venceu o prêmio de Melhor Álbum Inglês, e, talvez o mais notável, a banda pôs fim a um período de oito anos seguidos dos Beatles como Melhor Grupo. Retornando para a Inglaterra, depois daquela que foi provavelmente sua turnê de maior sucesso até então, a banda recebeu seus prêmios em uma cerimônia realizada no final de setembro.

À direita: No mês seguinte houve o lançamento de *Led Zeppelin III*, que rapidamente subiu ao topo das paradas no Reino Unido e nos Estados Unidos. Embora o período do álbum nas paradas tenha sido relativamente curto, a venda foi estrondosa, com encomendas antecipadas de mais de um milhão de cópias somente nos EUA. Entretanto, Page e Plant ficaram consternados pela reação crítica ao LP, porque muitas publicações que antes atacaram o grupo por seu estigma relacionado ao rock pesado, agora o acusava de tentar imitar os sons mais leves de grupos como Crosby, Stills & Nash.

Stairway to Heaven

Acima: Led Zeppelin em uma foto para publicidade por volta de 1970. Apesar da recepção variada dada ao lançamento de seu terceiro álbum, quando o ano chegava ao fim, Jimmy Page e Robert Plant retornaram ao local rural idílico de Gales, em Bron-Yr-Aur, para compor. Foi então que eles começaram a lançar as fundações daquilo que foi talvez sua obra-prima, um álbum que encapsulava a visão de 'luz e sombra' que Page há muito tempo tentava alcançar. Na sequência das sessões iniciais em Gales, Page e Plant estavam novamente reunidos com Jones e Bonham em Headley Grange, onde as novas faixas começaram a tomar forma, usando o estúdio móvel dos Rolling Stones. Entre estas, estava uma composição épica, que ao evoluir se tornou uma das canções que definem o rock, "Stairway to Heaven".

À esquerda: Imerso nos escritos do folclorista escocês Lewis Spence, Plant também escreveu os versos para "The Battle of Evermore" durante as mesmas sessões, tendo Sandy Denny, do Fairport Convention, trazida para dividir os vocais.

Hertz
ORIZED FOR
EUR SERVIC
RS ONLY

Parte Dois

Mágia Elétrica

A melhor banda do mundo

Acima: Led Zeppelin e Peter Grant (na foto, à esquerda) recebem discos de ouro das mãos de Anthony Grant (no centro), perto do final de 1970. O ano de 1971 começou bem para o Zeppelin – em janeiro, "Immigrant Song" chegou ao 16º posto na parada americana de compactos, e, enquanto as sessões de gravação continuavam ao longo de fevereiro, o Led Zeppelin foi considerado A Melhor Banda do Mundo na votação das revistas *Disc* e *Music Echo*, em Londres. Em 5 de março, a banda lançou sua turnê Back to the Clubs em Ulster Hall, em Belfast, Irlanda, onde "Stairway to Heaven" foi tocada ao vivo pela primeira vez, com Page tocando a canção em sua guitarra Gibson de dois braços customizada. A turnê terminou no Marquee, no final daquele mês, e foi seguida no princípio de abril com um show no Paris Cinema, em Londres, o qual foi gravado por John Peel para seu programa de rádio In Concert. Durante o verão, o Led Zeppelin deu uma série de concertos na Europa, quando ocorreu um dos pontos mais baixos da carreira da banda, ao interromper um grande tumulto em Milão, fato largamente atribuído à polícia italiana que resolveu atirar gás lacrimogêneo para atingir elementos desordeiros no meio da multidão. A banda foi forçada a abandonar o palco, que foi então devastado.

À esquerda: Robert Plant no palco em Londres, em 1971.

Sétima turnê norte-americana

À direita e ao lado: Robert Plant e Jimmy Page no palco do Madison Square Garden, em Nova York, em setembro de 1971. Deixando a confusão em Milão para trás, o Led Zeppelin chegou em Vancouver em 19 de agosto para dar início a sua sétima excursão norte-americana, com Plant celebrando seu 23° aniversário aquela noite. Entretanto, não faltou um incidente no show, pois centenas de fãs sem ingressos tentaram forçar a entrada em um espaço que já estava lotado e danos foram causados no palco. Uma parte do palco desabou, coisa que também aconteceu no Madison Square Garden, em 3 de setembro. A banda ficou satisfeita com a reação do público ao novo material, como "Stairway to Heaven", "Black Dog" e "Rock and Roll", porém, houve numerosos sustos durante a turnê, incluindo ameaças de morte. Como resultado, o Led Zeppelin se tornou um tanto mais recluso, enfiado nos hotéis entre os shows, onde o tédio muitas vezes acabou em destruição. Fechando a turnê no Havaí, o Zeppelin aproveitou para descansar alguns dias, antes de seguir para o Japão, para shows em Tóquio, Hiroshima e Osaka. Se o Led Zeppelin estava despreparado para as entusiasmadas boas-vindas recebidas dos fãs japoneses, o Tokyo Hilton estava igualmente despreparado para o Led Zeppelin, que foi banido daquele hotel para sempre.

'Quatro Símbolos' no topo da parada do Reino Unido

À esquerda e ao lado: Jimmy Page e Robert Plant no palco, no Wembley Empire Pool, novembro de 1971. Depois do Japão, Page e Plant passaram algum tempo em Hong Kong, Tailândia e Índia, antes de retornarem à Inglaterra em tempo para a edição do seu quarto álbum. O LP tinha sido originalmente programado para ser editado vários meses antes, mas problemas com sua engenharia e, depois, uma extensa discussão com a Atlantic Records a respeito da arte da capa resultou num longo atraso. Page insistiu que a música devia falar por si só, sem fazer menção ao nome da banda na capa, embora ele estivesse citado como produtor do disco e os versos de Plant para "Stairway..." fossem reproduzidos na parte interna. Além disso, cada membro do grupo escolheu um símbolo que os representasse no selo, e uma vez que o álbum não tem um título oficial, ele é referido como 'quatro símbolos' ou 'Zoso', em relação ao símbolo que Page desenhou para si. Dias depois da edição do álbum, o Led Zeppelin embarcou numa série de shows pela Inglaterra, incluindo duas noites espetaculares em Wembley. Quando turnê chegou ao final, em Salisbury, em 21 de dezembro, o álbum liderava a parada no Reino Unido.

Dificuldades *on tour*

Acima e à direita: John Bonham fotografado em raro momento de descanso, em 1971. O *hot-rod* modelo T Ford foi comprado em Boston, no outono anterior. A banda deixou a Inglaterra em fevereiro de 1972, para sua primeira e única turnê pela Austrália e Nova Zelândia. A excursão provou ser um sucesso, embora tenha tido um mau começo quando os músicos foram impedidos de entrar em Cingapura, onde fariam um show para esquentar. Logo depois, a primeira noite em Perth foi estragada por uma multidão baderneira e houve uma batida policial no hotel, em busca por drogas. Depois da turnê, Page e Plant seguiram para a Índia, onde desta vez tiveram a chance de gravar com músicos locais, mas na volta à Inglaterra, em abril, Plant mal teve tempo para celebrar o nascimento de seu filho Karac, pois a banda voltou a gravar, desta vez na propriedade rural de Mick Jagger, Stargroves. Depois de uma série de shows para "esquentar", na Inglaterra, o Zeppelin voltou aos Estados Unidos para uma turnê em junho, e graças ao estilo *no-nonsense* de negociar de Peter Grant, a banda recebeu um inédito valor de 90% da receita da bilheteria.

Los Angeles, 1972

Acima: O Led Zeppelin no Rodney's English Disco, em L.A., com várias *groupies*, incluindo Sable Starr e Lori Maddox. A oitava turnê norte-americana do Led Zeppelin foi inaugurada no Cobo Hall, de Detroit, em 6 de junho, e iria encerrar no Tucson Community Centre, no Arizona, no final daquele mês. A maioria dos shows teve lotação esgotada, e o Zeppelin estava fazendo shows às vezes de mais de duas horas e meia, permitindo-lhes mostrar antecipadamente algum material que seria editado no quinto álbum, como "Over The Hills And Far Away", "The Crunge" e "Dancing Days", ainda inédito. Entretanto, a turnê foi de certo modo ofuscada pela dos Rolling Stones, que estavam simultaneamente atravessando os EUA mostrando seu LP *Exile On Main Street*, recentemente editado. Perto do final de junho, o Led Zeppelin se apresentou no L.A. Forum e no Long Beach Arena, na Califórnia, onde ficaram no hotel de sua preferência, o Continental Hyatt House, ou 'Riot House' ('Casa do Motim'), como ficou conhecido, e frequentaram clubes como o Rodney's English Disco (de Rodney Bingenheimer*), onde Jimmy Page conheceu Lori Maddox.

À esquerda: Page em uma limusine, diante da English Disco, de Rodney.

N.T.: Rodney Bingenheimer foi DJ e agitador cultural em Los Angeles, nos anos 1970.

Panelinhas e clubes

À esquerda e acima: Page e Bonham com Lori Maddox, em Los Angeles, junho de 1972. Los Angeles havia se tornado uma das cidades americanas favoritas do Led Zeppelin, pelo menos em relação à vida noturna associada a clubes, tais como o Rodney's English Disco e o Rainbow Bar and Grill. As *groupies* que frequentavam os locais eram sem dúvida uma atração especial, e desde sua primeira excursão nos EUA no final de 1968 e começo de 1969, o Zeppelin ganhou a atenção de panelinhas de *groupies* como The GTOs e The Plaster Casters. Entretanto, em 1972, eles começaram a sair com uma nova geração de *groupies* que incluíam Sable Starr e Lori Maddox. Ao encontrar Maddox em junho, Jimmy Page rapidamente se viu envolvido com ela, apesar do fato de ele estar ligado romanticamente a Pamela Des Barres, das GTOs, e de manter uma longa relação com a modelo francesa Charlotte Martin, que recentemente havia lhe dado uma filha, Scarlet. Talvez o mais surpreendente de tudo fosse que, na época, Maddox tinha apenas 14 anos de idade.

A maior turnê pelo Reino Unido

Acima e à esquerda: Led Zeppelin em Cardiff. Quando a excursão americana chegou ao final, o Zeppelin passou algum tempo no Electric Lady Studios, em Nova York, antes de retornar à Inglaterra, quando tiveram a oportunidade de desfrutar de um descanso de três meses sem compromissos com gravações ou shows – embora Page continuasse ocupado dando retoques no quinto álbum, usando para tanto o estúdio que montou na casa recentemente adquirida, Plumpton Place, em Sussex, Inglaterra. Em outubro, a banda estava pronta para pegar a estrada mais uma vez, e agora foram para o Oriente, realizando a segunda turnê ao Japão, onde "The Song Remains The Same" e "The Rain Song" seriam apresentadas pela primeira vez ao vivo. De acordo com Richard Cole, a banda iria experimentar heroína durante essa turnê, droga que havia sido comprada por engano, acreditando ser cocaína. Ao retornar à Inglaterra, o Led Zeppelin anunciou planos para sua maior turnê pelo Reino Unido até então, e quando os ingressos foram colocados à venda no início de novembro, esgotaram-se em questão de horas. O primeiro segmento da turnê teve início no final daquele mês em Newcastle, seguindo depois por cidades como Glasgow, Manchester, Cardiff e Brighton, antes de fechar com dois shows no Alexandra Palace, em Londres, pouco antes do Natal.

Houses of the Holy

À esquerda e acima: O ano de 1973 mal havia começado quando o Zeppelin retomou a turnê pelo Reino Unido em Sheffield. Infelizmente, Plant estava gripado na noite de abertura, por ter ficado na rua pedindo carona no meio da chuva, quando seu carro quebrou. À medida que a turnê progrediu, a voz de Plant melhorou, e os fãs reagiram bem tanto ao novo material, como "Dancing Days" e "The Ocean", quanto a antigas favoritas como "Dazed and Confused", que incluía a técnica de Page com o arco de violino. Em Aberystwyth, entretanto, a banda teve um choque ao se apresentar diante de um público reservado, que consistia na grande maioria em dignatários locais. Shows melhores foram feitos em Bradford, Southampton e Escócia, antes de a excursão chegar finalmente ao término, em Preston, no final de janeiro. Na época, a edição do quinto álbum do Led Zeppelin, *Houses of The holy* estava já atrasada, mas demoraria um pouco mais devido a problemas com a arte da capa, um problema para a banda que agora era recorrente.

No entry

À esquerda: A banda fotografada em junho de 1973. Finalmente editado no final de março, em abril *Houses Of The Holy* havia chegado ao topo da parada de álbuns do Reino Unido, e estava destinado a acontecer o mesmo nos Estados Unidos, assim que o Led Zeppelin embarcasse para cumprir a primeira parte de sua nona turnê norte-americana. A excursão foi aberta no Atlanta Stadium, em maio, e o Led Zeppelin estabeleceu um novo recorde, atraindo um público de cerca de 49 mil pessoas. No dia seguinte, foi em Tampa, e outro marco foi estabelecido – batendo o recorde de público que pertencia aos Beatles, superando a marca de 55 mil pessoas que havia sido registrada no Shea Stadium, em 1965.

Acima: Kezar Stadium, San Francisco. Chegando perto do final do mês, Jimmy Page machucou um dedo em San Diego, fazendo com que o concerto em L.A. fosse adiado. Em 2 de junho os rapazes estavam de volta como atração principal de um festival que durou um dia inteiro no Kezar, do qual também participaram Roy Harper, The Tubes e Lee Michaels.

Bonham 'A Besta'

Acima: De todos os membros do Led Zeppelin, John Bonham desenvolveu a maior reputação como provocador de confusão, e desde sua prisão na França no começo do ano por haver destruído um quarto de hotel, foi apelidado 'La Bête', ou 'A Besta'. Em seu 25º aniversário, dois dias antes do show no Kezar Stadium, ele causou confusão por ter jogado George Harrison numa piscina. Nos bastidores do Kezar, o empresário Bill Graham recebeu quase o mesmo tratamento. Com a tensão se elevando devido a um atraso, Bonham decidiu esfriar Graham com um balde de água, antes que a banda retornasse ao palco para seu bis. Desde meados dos anos 1960, o empresário Bill Graham construiu uma carreira de sucesso tanto gerenciando quanto promovendo, e estava mais acostumado a ser tratado igual à realeza do rock que ser vítima de uma travessura. Entretanto, Graham recebeu uma soma substancial daquele concerto, o qual rendeu declaradamente cerca de 320 mil dólares para o Led Zeppelin.

À direita: No dia seguinte a banda estava no palco do L.A. Forum.

Chegando 'em casa', em L.A.

Acima e à esquerda: Jones e Bonham no palco no L.A. Forum, em 3 de junho de 1973. De volta ao seu lar espiritual, o Led Zeppelin concluiu a primeira parte de sua turnê com uma apresentação excepcional, com uma versão de meia hora de "Dazed and Confused" e um *medley* de 20 minutos de "Whole Lotta Love", que incluiu "I'm Going Down", de Freddie King, e "I'm a Man", uma canção de Bo Diddley que deu aos Yardbirds uma colocação no *Top 20* da *Billboard*, em 1965. O show chegou ao final com um solo de órgão de Jones, que funcionou como introdução para "Thank You", de Plant. Antes de sair da Inglaterra, o Led Zeppelin havia gasto um bocado de tempo em ensaios, se concentrando no show de palco e nos novos arranjos que iriam incorporar o aumento progressivo do uso de piano elétrico e *mellotron* e o teste de um sofisticado sistema novo de iluminação, que havia sido previamente adquirido. A turnê marcou uma nova etapa nas relações entre a banda e a imprensa, que sem dúvida melhoraram com a contratação de um relações-públicas, Danny Goldberg.

Dando uma pausa

À direita e acima: No palco do L.A. Forum, em junho. Com uma pausa de um mês antes de prosseguir a turnê norte-americana, o Zeppelin desfrutou de um descanso no Havaí antes de retornar para o Reino Unido. Já proprietário da Fazenda Jennings, perto de Kidderminster, Robert Plant estava para comprar uma fazenda de criação de caprinos, na costa do País de Gales, enquanto Jimmy Page acrescentou às suas propriedades a Tower House — uma imponente construção em estilo gótico que havia sido projetada e decorada pelo artista e arquiteto vitoriano William Burgess — pertencente ao ator Richard Harris, localizada a oeste de Londres, oferecendo um lance mais alto que David Bowie. Logo em seguida, Page também abriu uma livraria especializada em ocultismo e fundou uma editora chamada The Equinox Booksellers and Publishers, na Kensington High Street, revelando seu interesse pelo misticismo. Entretanto, foi sua fascinação peos trabalhos do bruxo Alistair Crowley o que mais atraiu a atenção da imprensa e do público.

Voando no *The Starship*

À direita e acima: Na época em que o Led Zeppelin aterrissou em Chicago para a segunda parte da turnê americana em julho, Richard Cole havia fretado *The Starship* — um jato particular que permitia que os músicos ficassem em seu hotel de preferência em Nova York ou L.A. e viajassem para as cidades circunvizinhas. Eles já haviam alugado jatos antes, mas *The Starship* era diferente; tratava-se de um Boeing 720B adaptado — uma nave de luxo com 40 assentos e espaço para o Led Zeppelin e sua comitiva, possuindo um salão, quartos, chuveiros e um *lounge bar* completo, com órgão. Mas, apesar de todo esse conforto disponível, a turnê prosseguia com um show de três horas seguido de outro, e o Zeppelin começou a dar sinais de fadiga. Page continuava sofrendo com sua mão ferida, a voz de Plant perdia consistência, e a banda ficava nervosa quando fogos de artifício eram disparados em seus shows — sem dúvida era resultado de uma série de ameaças de morte que estavam sendo recebidas. Em 18 de julho, em Vancouver, Canadá, a situação piorou quando Plant consumiu, nos bastidores, alguma substância suspeita de ser ilegal e o show teve de ser interrompido abruptamente.

O clímax da turnê de 1973

À esquerda e ao lado: Page e Plant no Madison Square Garden, em julho de 1973. Antes da turnê, o cineasta Joe Massot havia consultado Peter Grant sobre a possibilidade de rodar um filme com o Led Zeppelin, mas sua oferta foi recusada. Quando a excursão de 1973 estava perto do final, entretanto, Grant resolveu trazer Massot e sua equipe da Inglaterra para registrar os últimos shows. A filmagem começou em Baltimore e Pittsburgh em 23 e 24 de julho, mas o real foco de atenção eram as três noites consecutivas no Madison Square Garden, em Nova York, onde terminava a turnê, e que foram formar a base do filme *The Song Remains The Same*. Na última noite, em 29 de julho, a apresentação da banda foi explosiva, mas, como quase toda turnê, foi caracterizada por grandes altos e baixos, terminou com uma virada de sorte final, quando tiveram 203 mil dólares roubados da caixa de depósito de seu hotel em Nova York. De volta à Inglaterra, Page, Plant, Bonham e Jones foram para suas casas, onde Massot gravou algumas sequências individuais. Em novembro, eles se reagruparam em Headley Grange. Nesse meio tempo, Jones se ocupou da produção de um álbum de Madeline Bell, e Page retomou o trabalho em uma trilha sonora para Kenneth Anger, diretor *cult* e companheiro entusiasta de Crowley.

Swan Song

Acima: Robert Plant com fãs em L.A., em 1973. Durante o verão de 1973, o Led Zeppelin havia atingido picos de inspiração e decadência, trabalhando e fazendo festas talvez de forma mais pesada do que já havia feito antes. Mas o ano de 1974 começou a correr e surgiu uma oportunidade que iria beneficiar a banda e outros com uma nova saída criativa. Seu contrato com a Atlantic Records expirou em janeiro, e o Led Zeppelin anunciou que iria fundar seu próprio selo.

À direita: Plant no 'Riot House', com Boz Burrell e Simon Kirke do Bad Company, em maio de 1974. Tendo passado os primeiros meses do ano escrevendo e gravando no Headley Grange, em maio o Led Zeppelin e Peter Grant estavam prontos para lançar o selo Swan Song, que iria editar discos de artistas como Maggie Bell e Pretty Things e também os do próprio Led Zeppelin. O primeiro lançamento previsto devia ser o álbum homônimo de estreia do novo supergrupo inglês Bad Company, que acompanhou o Zeppelin em festas generosas, levadas em Nova York e Los Angeles, para celebrar a formação da Swan Song.

The Song Remains The Same

À esquerda: Plant em L.A. O Led Zeppelin manteve relativa discrição nas festas de lançamento da Swan Song, como também durante todo o decorrer de 1974, época em que os músicos aproveitaram para descansar das turnês; mas nos bastidores o novo álbum foi tomando forma, assim como o projeto do filme *The Song Remains The Same*. Desapontados com o lento progresso de Joe Massot, no final do verão eles o substituíram por Peter Clifton, e por esse motivo a banda se reuniu nos estúdios Shepperton Film, em agosto, para roda um material adicional para ser acrescentado às sequências ao vivo.

À direita: Page durante uma performance inspirada em Roy Harper. O Led Zeppelin não tocou ao vivo como banda em 1974, porém, cada membro subiu nos palcos em várias ocasiões no decorrer do ano, só ou em diferentes combinações. Em fevereiro, Page, Plant e Bonham se uniram a Roy Harper no Rainbow Theatre, de Londres, enquanto Jones fez uma apresentação com Harper e Dave Gilmour (do Pink Floyd) no Hyde Park, em agosto. Perto do final do ano, Page apareceu em vários shows do Bad Company, seus novos colegas de selo, cujo primeiro LP atingiu o topo das paradas norte-americanas naquela época.

Parte Três

A Canção Continua a Mesma

Physical Graffiti

Acima: Page no palco em Chicago, em 20 de janeiro de 1975. No início de 1975 já se havia passado quase um ano e meio desde a última performance do Led Zeppelin no Madison Square Garden, mas com seu novo álbum duplo *Physical Graffiti* pronto para chegar às lojas, o Zeppelin já estava preparado para arrebatar a América uma vez mais. Depois de dois shows, em Rotterdam, na Holanda, e em Bruxelas, na Bélgica, para "esquentar", nos quais mostraram as novas canções "Sick Again", "Trampled Underfoot", "The Wanton Song", "In My Time of Dying" e a majestosa, operística e influenciada pela música oriental, "Kashmir", o Led Zeppelin atravessou o Atlântico para dar início à décima turnê norte-americana em Minneapolis, em 18 de janeiro. Uma vez mais Jimmy Page estava cuidando de um dedo bastante machucado, desta vez por prendê-lo na porta de um trem em Londres, e dois dias depois de iniciada a excursão, em Chicago, Robert Plant ficou gripado, o que iria afetar adversamente seus vocais em grande parte da turnê.

À esquerda: Robert Plant no palco em Indianapolis, em 25 de janeiro de 1975.

Dazed and Confused

Acima: John Bonham em sua fantasia de 'Laranja Mecânica', no Madison Square Garden, Nova York, em fevereiro de 1975. Com a recuperação do ferimento do dedo de Jimmy, "Dazed and Confused" retornou à programação no Madison Square Garden. Na verdade, foi a primeira vez que o Led Zeppelin tocou a canção ao vivo desde 29 de julho de 1973, no mesmo local. O escritor *avant-garde* William S. Burroughs assistiu ao show, em seguida ele e Page deram uma entrevista em dupla para a revista *Crawdaddy*.

À direita: Na noite seguinte, o Led Zeppelin devia se apresentar no Boston Garden, entretanto o show foi substituído por uma data extra no Nassau Coliseum, em Uniondale, depois que centenas de fãs, que esperavam para comprar ingressos em Boston, depredaram o local, causando um prejuízo de 75 mil dólares. A banda tocou dois shows extras em Nassau mais tarde, naquele mês, com Ronnie Wood, então nos Faces, se unindo à banda para um bis. Logo depois, o Zeppelin encerrou a primeira parte da turnê em St. Louis, com Page e Plant viajando em seguida para Dominica, para um descanso.

Disco sobe ao topo

À esquerda e ao lado: Led Zeppelin no palco no L.A. Forum, em março de 1975. Na mesma época em que a segunda parte da turnê começava em Houston, Texas, em 27 de fevereiro, o sexto álbum do Led Zeppelin, *Physical Graffiti*, era editado. Foi o primeiro a sair pelo selo Swan Song, e foi sucesso imediato. Tendo se tornado um disco de platina apenas com as encomendas antecipadas, o álbum entrou na parada americana direto na terceira colocação — uma conquista sem precedentes, na época. Como de costume, o álbum também subiu ao primeiro lugar no Reino Unido. Apesar do ferimento de Page, da fragilidade da voz de Plant e do fato de que Bonham agora vinha sofrendo de uma enfermidade estomacal, a turnê provou ser um sucesso completo. Mais uma vez a banda voava no jato *Starship*, enquanto no palco os músicos utilizavam um sistema de som e iluminação ainda mais impressionante, que incluía máquinas de produzir fumaça, projetores e *lasers*. A turnê foi encerrada com três shows no L.A. Forum, o último dos quais, em 27 de março, durou cerca de três horas e meia, e incluiu uma versão de 46 minutos de "Dazed and Confused". Dois dias mais tarde conseguiu outra grande proeza nos Estados Unidos, com todos os seis LPs colocados simultaneamente na parada da *Billboard*, entre os 200 álbuns mais vendidos.

Imprensa americana vence o assalto

À direita: Robert Plant no palco nos Estados Unidos, em 1975.

À esquerda: Plant e Phil Maio, dos Pretty Things sendo entrevistados por J.J. Jackson, DJ do rádio e personalidade da tevê, no programa Midnight Special da NBC. O Led Zeppelin havia contratado The Pretty Things para seu selo Swan Song, em 1974, e deu uma luxuosa festa de Halloween no Chislehurst Caves, em Kent, para celebrar a edição de seu LP *Silk Torpedo*. Igualmente quando saiu nos EUA o segundo álbum, *SavageEye*, em 1975, outra festa foi feita no The Shrine, em Los Angeles, ocasião em que John Bonham teve de ser contido para não agredir o jornalista britânico Andy McConnell. De acordo com Richard Cole, que organizava a turnê, Page, Plant e Bonham passaram a usar heroína em 1975, mas enquanto o comportamento de Bonham vinha se tornando cada vez mais errático e agressivo, Plant, ao contrário, parecia mais relaxado e cordial do que nunca e mostrava-se feliz em falar com a imprensa americana. Por sua vez, a imprensa americana parecia agora aceitar que o Led Zeppelin havia conquistado o status de maior banda do mundo.

Exilados pelos impostos

À esquerda e acima: Londres, 1975. Mesmo antes de o Led Zeppelin completar sua turnê norte-americana, os músicos decidiram que já era tempo de apresentar seu novo show na Inglaterra, pois seriam as primeiras performances em casa desde janeiro de 1973. Em meados de março, três shows foram anunciados e seriam levados no Earls Court, em Londres, em maio. Entretanto, todos os ingressos foram vendidos em questão de horas, e duas outras noites tiveram de ser acrescidas na temporada. Foi também nessa época que Peter Grant e o Led Zeppelin foram avisados de que deveriam começar a viver como exilados por causa dos impostos, se quisessem evitar de ter de dar ao fisco grande parte do que haviam amealhado em 1975. Então, eles deixaram o Reino Unido praticamente assim que terminaram os shows no Earls Court. Nenhum dos membros estava particularmente encantado com a ideia, muito menos John Bonham, que odiava viver afastado de sua família, mas havia mínimas opções. No primeiro dos shows no Earls Court, em 17 de maio, Robert Plant não resistiu em tecer comentários espinhosos ao chanceler britânico Denis Healey.

Voltando para Londres

Ao Lado: Robert Plant no Earls Court. Já havia se passado mais de dois anos desde que o Led Zeppelin tocara pela última vez no Reino Unido e, com a situação dos impostos, Peter Grant e os rapazes estavam considerando que os shows marcados no Earls Court deveriam ser os últimos realizados em solo britânico por um largo tempo. Como resultado, os shows foram uma oportunidade para agradecer aos fãs ingleses pelo apoio dado ao longo através dos anos, e uma vez que na produção não houve despesas a mais, os ingressos foram mantidos a preços deliberadamente baixos.

Alta tecnologia nos shows ao vivo

Ao Lado: Jimmy Page toca em Earls Court. O sistema de som e iluminação de alta tecnologia que o Zeppelin havia empregado em sua turnê norte-americana, oqual incluía um sistema de alto-falantes de 70.000 watts, foi trazido dos Estados Unidos, assim como a equipe técnica da Showco, do Texas, para supervisionar a instalação e o bom funcionamento de todo equipamento no local. Além disso, uma tela de vídeo gigante foi levantada acima do palco para mostrar *closes* da banda enquanto ela tocava – foi uma das primeiras vezes que tal tecnologia foi empregada em um concerto de rock.

Valor musical

Ao lado e à direita: Por cinco noites, entre 17 e 25 de maio, o Led Zeppelin tocou aqueles que vieram a ser considerados os melhores shows de toda sua carreira, na maior arena coberta da Grã-Bretanha. Os shows foram apresentados por alguns dos maiores DJs do rádio inglês, incluindo Jonnie Walker, David 'Kid' Jensen, Nicky Horne, Bob Harris e Alan Freeman, e a cada noite o Led Zeppelin foi visto em excelente forma, oferecendo ao público mais de três horas retrospectivas de show, cobrindo todo o material gravado nos seis álbuns – de "Dazed and Confused", com Jimmy Page iluminado por uma pirâmide de *lasers* enquanto tocava as cordas de sua guitarra com um arco de violino, até "Kashmir", uma canção que o Led Zeppelin não considerava somente um dos seus maiores trunfos, mas também algo que servia para convencer alguns críticos dissidentes sobre o valor musical da banda. De fato, no final de cada show, que chegava a ter até quatro horas de duração, o Led Zeppelin havia não apenas deslumbrado cerca de 85 mil fãs, mas também, finalmente, conseguido conquistar os segmentos mais conservadores da imprensa inglesa.

Plant sofre um acidente

À esquerda: Plant no palco. Ainda voando alto com a repercussão positiva dos shows no Earls Court, o Led Zeppelin deixou o Reino Unido em direção a Montreux, Suíça, onde foram traçados planos para uma turnê mundial. Mas antes de pegar a estrada, havia tempo para uma pequena viagem de turismo. Robert e Maureen Plant viajaram para o Marrocos, onde iriam se juntar a Jimmy Page antes de seguir para Rhodes, acompanhados pela namorada de Jimmy, Charlotte Martin, e pela filha de ambos, Scarlet. Entretanto, em 4 de agosto, deu-se o acidente, quando o carro alugado dos Plant saiu da estrada e colidiu com uma árvore, ferindo gravemente Plant e sua esposa. Richard Cole fretou um avião para levá-los de volta à Inglaterra para tratamento, mas enquanto Maureen recobrou-se em um hospital inglês, Plant, na condição de exilado por causa dos impostos, foi forçado a voar para Jersey para se recuperar.

Acima: Em setembro, com os planos de turismo arquivados, Page e Plant seguiram para Los Angeles para começar a compor. Refugiados em uma casa na praia de Malibu, com Plant se sentindo miserável em uma cadeira de rodas, e com Page aumentando sua ingestão de drogas, foi talvez um milagre que conseguissem realizar alguma coisa, mas no final daquele ano a banda já havia gravado e mixado seu sétimo álbum *Presence*. Apesar dos infortúnios daquele ano, a banda varreu a concorrência nos prêmios anuais da *Melody Maker* em Londres, com Plant e Bonham (fotografados com Maggie Bell) comparecendo para receber sete primeiros prêmios, um feito até então inédito.

FOX
WILSHIRE
LED ZEPPELIN
THE SONG REMAINS THE SAME
FOX
WILSHIRE
LED ZEPPELIN
THE SONG REMAINS THE SAME
REFUNDABLE

The Song Remains the Same

À esquerda e acima: Determinado a manter o Zeppelin por cima, Jimmy Page tinha tomado o controle das sessões para a gravação de *Presence* completamente, e embora tivesse sido um dos LPs de vendagem mais baixa da banda, as vendas antecipadas ajudaram a colocar o álbum no topo das paradas em ambos os lados do Atlântico na primavera de 1976. Enquanto isso, com Plant ainda se recobrando e com a banda fora da estrada, Page voltou sua atenção para a produção do álbum com a trilha sonora que acompanharia o lançamento do filme do Led Zeppelin *The Song Remains the Same*. Até então, o filme estava sendo feito há três anos, sofrendo uma série de problemas na produção, incluindo o emprego de dois diretores e numerosos contratempos com a filmagem das sequências dos shows. Os membros da banda e Peter Grant também tiveram alguns desentendimentos sobre as sequências de fantasias que eles haviam filmado, mas em 20 de outubro de 1976, o filme teve sua *première* mundial em Nova York, com sistema de som quadrifônico, cortesia da Showco, e assistido por uma série de celebridades convidadas, incluindo o próprio Led Zeppelin.

Êxito de bilheteria

Ao lado e acima: Dois dias depois *The Song Remains The Same* estreou em várias outras cidades americanas, incluindo L.A., onde o Led Zeppelin mais uma vez compareceu, assim como também esteve presente na *première* europeia, em Londres, em 4 de novembro. Chris Charlesworth da *Melody Maker* escreveu uma crítica positiva do filme, o que foi uma surpresa considerando que ele havia sido acionado por Richard Cole em Nova York, mas em geral os críticos pouco fizeram para disfarçar seu desprezo pelo filme, que foi amplamente ironizado por sua aparente autoindulgência. Mesmo assim, *The Song Remains the Same* provou ser um grande êxito de bilheteria, pelo menos inicialmente, enquanto o álbum duplo com a trilha sonora foi mais, previsivelmente e convincentemente, bem-sucedido, atingindo o primeiro lugar no Reino Unido pouco mais de uma semana após seu lançamento, mas parando no segundo lugar nos EUA, onde foi mantido, superado pelo aclamado álbum duplo de Stevie Wonder, *Songs in the Key of Life*.

Mudança no panorama musical

À direita e acima: No final de 1976 e início de 1977, o Led Zeppelin começou a preparar seu retorno às turnês, indo para um estúdio em Londres para trabalhar nos arranjos de canções como "Nobody's Fault But Mine" e "Achilles Last Stand" do LP *Presence* para serem apresentadas ao vivo. Nesta época, o fenômeno punk começava a ganhar destaque, o panorama musical estava para sofrer uma mudança dramática nos dois lados do Atlântico, e embora os novos grupos fossem abertamente hostis ao Led Zeppelin — considerando-o "um dinossauro do rock and roll" —, Page, Plant e Bonham se ocuparam em ir assistir algumas dessas bandas, tal como o Damned no The Roxy, em Londres. Em Los Angeles, o Led Zeppelin foi recebido calorosamente na festa de lançamento de um grupo de punk rock formado por garotas, The Runaways, sem dúvida por causa do relacionamento de longo tempo com Kim Fowley (acima), o *Svengali* assumido das Runaways e cantor ocasional, com quem Jimmy Page e John Paul Jones gravaram em meados dos anos 1960.

N.T.: Kim Fowley está presente na cena musical desde o final dos anos 1950 — é uma autêntica lenda do rock e um de seus maiores mitos.

the
Runaways
JOAN JETT

Chicago 1977

Acima: Led Zeppelin no palco em Chicago, abril de 1977. No começo de fevereiro, o Zeppelin anunciou os planos para uma turnê mundial, a ser lançada nos EUA antes do final do mês. Entretanto, a data do início teve de ser adiada para o princípio de abril porque Robert Plant estava com laringite e sua perna ainda não estava completamente curada. O uso de heroína se tornou constante também entre vários membros da comitiva da banda. O empresário Peter Grant se separara recentemente da sua esposa e não havia material novo para marcar a volta depois de longo período. Mesmo assim, os ingressos para a turnê inteira se esgotaram em questão de dias e as plateias americanas aplaudiram o retorno da parte acústica do show mostrada com os músicos sentados — e igualmente Plant, cuja perna lhe causava uma dor considerável. Em 9 de abril, o Led Zeppelin subiu ao palco do Chicago Stadium para a última das três noites no local, mas cerca de uma hora depois o show teve de ser cancelado, pois Page teve de ser retirado do palco abalado por violentas cólicas estomacais. O motivo oficial para seus males foi dado como 'alimento estragado', mas muitos suspeitaram que sua dieta de daiquiris de banana, cocaína e heroína contribuiu para o fato. Na noite seguinte o Led Zeppelin voltou a se apresentar, com Page usando um boné Stormtrooper, botas de couro de cano alto, camisa e calça pretas – um gesto claro de um dinossauro odiado pelos punks, que havia adotado a tática de choque de se vestir com trajes nazistas.

À esquerda: Bonham em uma foto publicitária para *The Song Remains the Same*.

Recorde batido em Michigan

À esquerda e ao lado: O Led Zeppelin no palco em Cleveland, Ohio, em 27 de abril de 1977. Resolvido o problema de estômago de Jimmy e com a superação da apreensão inicial com Plant, o Led Zeppelin rapidamente entrou em sua melhor forma no decorrer da primeira parte daquela que foi a maior e financeiramente a mais bem-sucedida turnê de toda sua carreira. Entretanto, vários dos primeiros shows foram marcados por eventos que estavam além do controle da banda, desde problemas técnicos com o sistema de som até confusões com o público. Em 13 de abril, mais de 20 pessoas foram presas em Saint Paul, Minnesota, por tentar invadir o espaço do concerto, enquanto menos de uma semana depois, uma multidão estimada em mil fãs tentou tumultuar o Riverfront Coliseum, em Cincinnati. Pior ainda, um jovem fã foi ferido mortalmente no segundo show em Cincinnati, depois de cair de uma arquibancada do estádio. A terceira parte da turnê foi concluída em 30 de abril, no Pontiac Silverdome, em Michigan, diante de uma plateia de 76.229 pessoas – superando o recorde estabelecido pelo The Who no mesmo local, em 1975. O Led Zeppelin teve uma performance sólida, porém, John Paul Jones mais tarde reclamaria que do palco mal se podia ver ou ouvir o público.

Prêmio Ivor Novello

À direita: Robert Plant e John Paul Jones no Grosvenor Hotel, em Londres. Com pouco mais de duas semanas de folga até sua decima primeira excursão norte- americana ser retomada em Birmingham, Alabama, Plant, Bonham e Jones retornaram para a Inglaterra, enquanto Page seguiu para o Cairo, no Egito. Há muito intrigado pela cidade que havia também arrebatado seu herói Alistair Crowley, Page foi finalmente convencido a fazer a viagem depois de assistir a algumas velhas cenas de reportagem que mostravam um zepelim voando sobre as antigas pirâmides. Em 12 de maio, Page havia retornado para se juntar aos seus companheiros de banda e a Peter Grant no Grosvenor Hotel, onde recebeu um prêmio Ivor Novello por sua *Contribuição Excepcional para a Música Britânica*.

Acima: Robert Plant joga futebol em um parque de Los Angeles durante a turnê de 1977. Em maio, o Led Zeppelin estava de volta nos EUA, se preparando para embarcar para a segunda parte de sua turnê. Plant estava movimentando bem a perna lesionada , aparentemente como resultado das sessões de treinamento com seu amado time de futebol local, o Wolverhampton Wanderers. Ávido fã do esporte, Plant ficou conhecido por tomar parte em jogos contra Bonham, com os dois jogando por equipes rivais em Midlands.

Alabama e Louisiana

À direita e acima: O Zeppelin no palco no Madison Square Garden, em junho de 1977. A segunda parte da turnê decolou com um início muito bom, com ótimas performances no Alabama e na Louisiana, porém, no terceiro show, no Texas, sinais de desordem que haviam prejudicado os shows de abril tornaram a aparecer. Várias prisões foram feitas em Houston, após os fãs causarem grandes estragos; e em 3 de junho, em Tampa, Flórida, um tumulto em grande escala irrompeu quando o show foi cancelado por causa das chuvas torrenciais. Mais de 70 pessoas tiveram de ser hospitalizadas, incluindo vários policiais, mas Peter Grant foi irredutível e os promotores do show, Concerts West, foram forçados a aceitar a responsabilidade pelo prejuízo, por terem anunciado o show como um evento que se realizaria de qualquer jeito, "faça chuva ou faça sol". Quatro dias depois, o Led Zeppelin chegou em Nova York, para dar início a uma série de seis shows no Madison Square Garden.

Os esforços de Page para se manter no controle

Acima: Entre 7 e 14 de junho, o Led Zeppelin tocou para cerca de 120 mil pessoas no Madison Square Garden de Nova York, onde Robert Plant, brincando, dedicou a abertura do show à Rainha da Inglaterra, que estava celebrando seu Jubileu de Prata. Os shows foram certamente um ponto alto da turnê, com o Zeppelin se apresentando no seu apogeu. Por grande parte da excursão, Jimmy Page pareceu particularmente notável, subindo ao palco vestindo seu 'dragon suit' (túnica e calça bordada) de seda branca, com os olhos escondidos atrás de óculos escuros. Fora dos palcos, porém, amigos e associados, incluindo o jornalista Dave Schulps, notaram com preocupação como o guitarrista estava ficando magro e pálido. O organizador da turnê, Richard Cole, confirma que naquela época ele e Page estavam começando a sucumbir às devastações do vício da heroína, embora Page sustentasse que ele permaneceu no controle quando o vício realmente pesou.

À direita: Plant no palco em Los Angeles.

Caesar's Chariot

À direita e acima: De Nova York, o Led Zeppelin e sua comitiva voaram para a Califórnia. Eles não estavam mais usando o *Starship*, que ficou em terra com problemas no motor desde o começo daquele ano, mas continuaram viajando com estilo, tendo alugado o "Caesar's Chariot" ("A Biga de César"), o avião de luxo que pertence ao Caesar's Palace Hotel, em Las Vegas. Em 19 de junho, o Led Zeppelin tocou diante de uma plateia de mais de 14 mil, no San Diego Sports Arena, e embora não houvesse incidentes com violência, várias prisões ocorreram fora do local, pois a polícia reprimiu cambistas e fãs embriagados. Dois dias depois, a banda abriu uma série de seis shows, com lotação esgotada, no Los Angeles Forum, onde o Led Zeppelin estabeleceu um novo recorde ao tocar para 108 mil fãs. No curso das seis noites, a qualidade das apresentações do Led Zeppelin variou, com o desempenho de Page um tanto instável na segunda noite, porém, a primeira foi bem movimentada, com Page mostrando uma versão de "The Star Spangled Banner", no estilo de Jimi Hendrix, no meio de um de seus solos.

Los Angeles Forum

À esquerda e ao lado: Em 23 de junho, na terceira noite dos shows no Los Angeles Forum, o público foi presenteado com a surpresa da presença de Keith Moon, do The Who, que subiu ao palco para se juntar a John Bonham no seu solo de bateria em "Moby Dick", antes de voltar para tocar percussão (timbales) durante o bis de "Whole Lotta Love" e "Rock and Roll", e tentar se juntar a Plant ao microfone para uma versão de "C'mon Everybody" de Eddie Cochran, para a diversão dos presentes. Fora do palco, entretanto, o comportamento de Bonham e Moon — que era igualmente bem conhecido por seu descontrole e excessos — foi bem menos divertido. Na noite seguinte, sem show marcado, a dupla visitou o Comedy Store de Los Angeles, e de lá foi enxotada por causa de Moon, que, bêbado, atrapalhava os comediantes da casa. Por sua vez, o alcoolismo de Bonham, que sempre foi pesado, parecia para muitos ter saído de controle de vez, como se Bonham tentasse superar o seu próprio mito.

Apresentação eletrizante

À direita e acima: Em 27 de junho de 1977, a segunda parte da turnê americana chegou ao fim com o último dos seis shows no Forum, em Los Angeles. Por volta das 20 horas, o público inquieto foi acalmado com um anúncio vindo do palco, e então, 20 minutos depois, o Led Zeppelin se lançou numa apresentação eletrizante, que incorporou improvisos pesados e numerosos, além da utilização de efeitos surpreendentes, que se estendeu à bateria de Bonham e ao piano de Jones, durantes seus solos. O programa foi marcado por algumas inclusões surpreendentes, tais como uma versão acústica de "That's Alright (Mama)" de Arthur Crudup — música famosa por ter sido o primeiro compacto de Elvis Presley — e uma versão *rockabilly* pesada de "It'll Be Me", de Jerry Lee Lewis, que fechou o show na parte do bis, tendo Plant apresentado-a como uma canção que seria incluída no próximo álbum do grupo. Quando o show terminou, o Led Zeppelin seguiu direto para o aeroporto e voltou para a Inglaterra, para um merecido descanso.

Comunicado trágico para Robert Plant

À direita e acima: O Led Zeppelin no palco do Oakland Coliseum, em julho de 1977. Em 17 de julho de 1977, a banda retomou sua turnê épica pelos EUA no Seattle Kingdome, diante de um público de mais de 62 mil fãs. Na sequência, três dias depois, aconteceu uma apresentação confusa no Arizona. De lá, o Led Zeppelin foi para a Califórnia e fizeram duas apresentações consecutivas no festival 'Day on the Green', no Oakland-Alameda County Coliseum. A ocasião devia ser de celebração, mas foi prejudicada quando um membro da segurança do empresário Bill Graham foi surrado por Peter Grant e seu chefe de segurança, John Bindon, que, conforme foi reportado, possuía conexões com o submundo de Londres. Richard Cole e John Bonham também foram envolvidos no incidente, e dois dias depois todos os quatro foram presos em seu hotel, acusados de agressão. Depois de liberados, Bonham e Cole viajaram com Plant para New Orleans, onde o Led Zeppelin devia tocar, mas ao chegar no hotel, Robert Plant recebeu um telefonema urgente de sua esposa, com a trágica notícia que seu filho Karac havia morrido de repente, devido a uma virose respiratória.

O futuro em dúvida

Ao lado: Robert Plant em Knebworth com sua filha, Carmen. Atormentado pela morte do filho, Robert Plant imediatamente retornou à Inglaterra para ficar com sua família, e os shows que ainda faltavam na turnê americana foram cancelados. Enquanto isso, reportagens na imprensa que falavam de uma possível 'maldição do Led Zeppelin', supostamente provocada pelo interesse de Jimmy pelo ocultismo, começaram a circular. Surgiram também rumores de uma separação, e de fato, por algum tempo o futuro do Led Zeppelin parecia duvidoso. Em maio de 1978, a banda deu o primeiro sinal de que iria voltar — os músicos reuniram-se no Clearwell Castle, na Forest of Dean, para ensaiar — e no final daquele ano, a gravação de um novo álbum teve início na Suécia, desta vez com John Paul Jones no comando. O LP foi completado no começo de 1979, e em 22 de maio o Led Zeppelin anunciou sua intenção de comandar um grande show a céu aberto em Knebworth Park, Hertfordshire.

À esquerda: Peter Grant, Robert Plant e John Paul Jones, nos bastidores em Knebworth, em agosto de 1979.

Knebworth

À esquerda e acima: Led Zeppelin no palco em Knebworth, em agosto de 1979. No começo de julho, com os ensaios para Knebworth bem encaminhados, uma segunda data foi marcada, devido à grande procura por ingressos. Talvez o grupo sentisse que sua ausência da Inglaterra fez o interesse do público diminuir, porém, milhares de fãs estavam desesperados pela oportunidade de ver a banda tocar em seu país — pela primeira vez desde Earls Court, em 1975 — e mais de 200 mil ingressos foram vendidos em apenas dois dias. Depois de dois shows para "esquentar", realizados em Copenhague, onde as novas canções "Hot Dog" e "In The Evening" foram apresentadas ao vivo pela primeira vez, o Led Zeppelin fez sua volta triunfal aos palcos ingleses em Knebworth, em 4 e 11 de agosto, com uma recepção calorosa. As resenhas dos shows foram variadas e mesmo os membros da banda mais tarde criticariam sua própria performance, mas quase todos concordariam que a atmosfera foi mágica. As vendas dos ingressos, além da capacidade oficial do local, sugeriram que cada show foi assistido por cerca de 200 mil pessoas.

In Through the Out Door

Acima: Uma foto publicitária para Knebworth, tirada em 1979. Originalmente planejado para ser editado antes do Knebworth Festival, o Led Zeppelin lançou seu oitavo álbum de estúdio, *In Through the Out Door*, em 15 de agosto, quatro dias depois do segundo show em Knebworth. No Reino Unido, o álbum entrou na parada direto no primeiro posto, enquanto nos EUA levou uma semana para chegar no topo da Billboard, tendo entrado na lista na décima posição. A empolgação produzida pela volta da banda aos palcos e o lançamento de um novo LP — editado com seis capas diferentes cobertas por um saco de papel pardo — despertou um enorme e inesperado interesse do público por todo o catálogo antigo do Zeppelin, tanto que no final de outubro todos os nove LPs lançados podiam ser encontrados na mesma semana na parada dos 200 primeiros álbuns da Billboard.

John Bonham: morte súbita

Acima: 28 de novembro de 1979, Plant, Jones e Bonham recebem um prêmio no Waldorf Hotel, em Londres. Quando a nova década começou, o último compacto do Led Zeppelin, "Fool In the Rain", pairava fora do *Top 20* americano, mas pouco foi ouvido da banda até maio, quando sua "Tour Over Europe" foi anunciada. Iniciada em 17 de junho, em Dortmund, Alemanha, Peter Grant esperava que essa saída servisse como prelúdio para uma nova turnê norte-americana, e no começo de setembro os planos estavam traçados para ser feita em três semanas, através do Canadá e dos EUA. Em 24 de setembro, o Led Zeppelin se reuniu para ensaiar no Bray Studios, antes de se recolher na nova casa de Jimmy, nas imediações de Windsor, onde depois de vários e vários drinques, John Bonham foi ajudado a se deitar por volta da meia-noite. No começo da tarde seguinte, John Paul Jones e Benji LeFevre, assistente de Robert Plant, foram ver como estava o baterista, que continuava em seu quarto, e descobriram que ele havia morrido enquanto dormia. Em 8 de outubro, um inquérito registrou o veredicto de 'morte súbita', e dois meses depois a Swan Song emitiu uma nota comunicando que a banda não podia mais continuar existindo.

Marshall
Marshall
Marshall

Parte Quatro

Um Lote Completo De Amor

Coda

À esquerda: Jimmy Page em 1982. No rescaldo da morte trágica e prematura de John Bonham, enquanto a imprensa divulgava rumores sobre reuniões e histórias sobre 'a maldição Zeppelin', Robert Plant, Jimmy Page e John Paul Jones se recolheram em seu próprio mundo de pesar e dor. Mas em 1981 e 1982 eles começaram a trilhar por novos caminhos. Jones encontrou consolo na tranquilidade rural de Devon, onde abriu um estúdio de gravação e passou a ensinar composição; Plant ressurgiu no palco com os Honeydrippers, antes de gravar seu primeiro álbum solo de sucesso *Pictures at Eleven*, e Page gravou a trilha sonora do filme de Michael Winner *Desejo de Matar 2*. Além disso, Jimmy Page também tinha de terminar o que ficara pendente sob a forma de um álbum de estúdio final do Led Zeppelin, produzido com material não editado e que se chamou, apropriadamente, *Coda*.

Acima: Em 1983, Plant lançou outro LP de muito sucesso, *The Principle of Moments*, antes de embarcar em sua primeira excursão solo pela Inglaterra e América do Norte. Page, enquanto isso, se envolveu no projeto de caridade ARMS, de Ronnie Lane, em favor dos portadores de esclerose múltipla, e em setembro, tocou no Royal Albert Hall de Londres, ao lado de Eric Clapton (centro) e Jeff Beck (o segundo a partir da direita) — a primeira vez que os três ex-guitarristas dos Yardbirds apareceram no palco juntos.

Page e The Firm

À esquerda e acima: Depois do sucesso do concerto ARMS em Londres, uma série de shows beneficentes foi organizada nos EUA, onde Jimmy Page e Paul Rodgers (cantor-compositor que foi fama com o Free e o Bad Company) começaram a planejar a formação de um novo grupo. Durante o verão de 1984, Page fez várias apresentações acompanhando seu velho amigo Roy Harper, com quem ele havia colaborado no álbum *Whatever Happened to Jugula?*, e em agosto Page e Rodgers formaram The Firm, juntos com o baixista Tony Franklin e o baterista Chris Slade. A banda obteve sucesso na Inglaterra, Europa e nos Estados Unidos, em 1985 e 1986, e também lançou dois álbuns, o primeiro, homônimo, no começo de 1985, seguido por *Mean Business* um ano depois. The Firm provaria ser um projeto de curta duração, com o grupo se separando logo após a edição do segundo álbum e de completar a segunda turnê norte-americana.

Led Zeppelin reunido pelo Live Aid

À esquerda e acima: Led Zeppelin no Live Aid, 13 de julho de 1985. Embora a morte de John Bonham tenha afetado Robert Plant de forma mais forte, — eram amigos desde anos antes de formarem o Zeppelin — em meados dos anos 1980, Plant estava desfrutando de considerável sucesso, tanto com os Honeydrippers, com quem ele gravou um EP com clássicos do rhythm & blues, como na carreira individual — seu terceiro álbum, *Shaken 'n' Stirred*, mais uma vez foi muito bem nos dois lados do Atlântico. Ele também fez turnês bem-sucedidas na Inglaterra, América do Norte, Austrália e Extremo Oriente, mas embora Page tenha contribuído com a gravação do EP dos Honeydrippers, assim como com a trilha sonora que Jones gravou para outro filme de Michael Winner, a ideia de uma reunião do Led Zeppelin era algo bem distante. Entretanto, em 1985, quando inúmeros artistas se juntaram para apoiar a causa de Bob Geldof no combate de à fome que dilacerava a África, Plant, Page e Jones estavam entre eles.

De volta ao mundo do palco

À direita e acima: No início de 1985, dois compactos com reunião de astros surgiram, em resposta à campanha contra a fome de Bob Geldof — "Feed The World" com Band Aid e "We Are the World" com USA for Africa, em nenhum dos dois houve a participação de qualquer ex-membro do Led Zeppelin. Entretanto, quando dois concertos do Live Aid foram anunciados para o verão, a serem realizados simultaneamente na Inglaterra e nos EUA, Robert Plant sinalizou seu desejo de participar. Originalmente, os organizadores quiseram juntar Plant com Eric Clapton, mas o cantor não aceitou. Em vez disso, sugeriu se apresentar no concerto com os Honeydrippers, com quem ele estava em excursão nos EUA, mas a magnitude do evento logo o convenceu de que já era tempo de se reunir com Page e Jones. Ambos concordaram, e em 13 de julho o Led Zeppelin estava no palco na Filadélfia, com o baixista Paul Martinez (permitindo a Jones ir para os teclados em "Stairway to Heaven"), além dos bateristas Phil Collins e Tony Thompson.

Autocrítica na Filadélfia

À esquerda e acima: Quando Page, Plant e Jones entraram no palco na Filadélfia, a multidão de mais de 100 mil delirou. Já se passavam mais de cinco anos desde quando os três músicos tocaram juntos, e para os fãs e a imprensa o evento registrava um dos mais aguardados retornos da história do rock and roll. Page e Plant também pareciam se divertir na ocasião, embora uma combinação de problemas técnicos, além de Plant estar com a garganta inflamada e talvez um pouco nervoso, conspiraram para produzir uma apresentação um tanto sem brilho. Anos mais tarde, analisando sua apresentação de 20 minutos, com "Rock and Roll", "Whole Lotta Love" e "Stairway to Heaven", cada um deles expressou emoções distintas. Todos gostaram de dividir o palco uma vez mais, mas Page e Plant foram particularmente críticos em relação a sua verdadeira *performance*, e quando o DVD *Live Aid* foi editado em 2004, a apresentação do Led Zeppelin ficou de fora, tendo sido omitida a pedido da própria banda.

Apresentação de aniversário

À esquerda e acima: Page e Plant no palco no Madison Square Garden, em maio de 1988. Estimulados por sua apresentação no Live Aid, no princípio de 1986, Page, Plant e Jones se reuniram com o baterista Tony Thompson para ensaiar perto de Bath, pensando em um eventual retorno do Led Zeppelin. Poucos dias depois, no entanto, o projeto foi arquivado e seguiram por caminhos distintos. Jones se ocupou com a produção de álbuns de Ben E. King e The Mission, Plant gravou seu quarto álbum, *Now and Zen*, e Page começou a trabalhar em seu primeiro real disco solo, *Outrider*. Seus caminhos iriam se cruzar no estúdio e na estrada, em 1987, na época em que Plant começou a incorporar canções do Zeppelin em suas apresentações ao vivo, mas os três não iriam tocar juntos antes de 14 de maio de 1988, quando concordaram em se reunir para a celebração do 40º aniversário da Atlantic Records. Ao se apresentar no Madison Square Garden de Nova York, desta vez o Led Zeppelin tocou com o filho de John Bonham, Jason, na bateria, por meia hora, as músicas "Kashmir", "Whole Lotta Love", "Misty Mountain Hop" e "Stairway to Heaven". Houve momentos de brilho, particularmente de Bonham, embora Page e Plant tenham discutido sobre a inclusão de "Stairway" e o clima ter sido tenso.

Magic Nirvana, de Plant

Acima: Além das celebrações da Atlantic, Robert Plant compareceu no jantar da Fundação Nordoff-Robbins Music Therapy, em Nova York, em 1988, onde ele improvisou com Buckwheat Zydeco, Curt Smith e Neil Young. Os membros remanescentes do Led Zeppelin ainda fariam apresentações de improviso no aniversário de 21 anos de Carmen Plant, no final de 1989, e na festa de noivado de Jason Bonham, no princípio de 1990. Logo em seguida, era editado o quinto álbum de Plant, *Magic Nirvana*, A partir daí ele passaria o restante do ano ocupado com uma longa excursão.

À direita: Jimmy Page e Jeff Beck (à esquerda, na foto) quando os Yardbirds são introduzidos no Rock and Roll Hall of Fame, em 1992. Depois de *Outrider,* Page focou nos álbums anteriores da banda, resultando nos álbuns *Remasters* e *Led Zeppelin Boxed Set*, no começo dos anos 1990. O mais surpreendente, talvez, foi ele ter começado a trabalhar em um disco com David Coverdale, a quem Robert Plant gostava de se referir como 'David Coverversion' ('David Versão Cover'), tendo previamente apontado o cantor como um dos principais delinquentes de uma nova geração de imitadores do Led Zeppelin. O LP Coverdale-Page chegou ao *Top 5* nos dois lados do Atlântico, em 1993.

John Paul Jones

À esquerda: Os anos 1990 começaram com John Paul Jones mantendo um comportamento discreto, embora tenha sido caracteristicamente produtivo. Montou um novo estúdio perto de Bath e contribuiu com o álbum *Us* de Peter Gabriel, ajudou Page a selecionar as faixas para as caixas do Zeppelin, trabalhou com música para a companhia espanhola de teatro La Sura Dels Baus e foi diretor musical da Seville Expo '92. Em 1992, também fez os arranjos orquestrais para o disco *Automatic For the People* do R.E.M., de enorme sucesso, e também produziu *Independent Worm Saloon* dos Butthole Surfers. No ano seguinte, compareceu no MTV Video Music Awards, na Califórnia, onde apresentou "Are You Gonna Go My Way" com Lenny Kravitz, e no final de 1994, Jones voltou a fazer turnê, passando quase dois meses na estrada, na Europa e América do Norte, com o baterista Pete Thomas e a artista performática e musicista *avant-garde* Diamanda Galas.

Ao lado: Em janeiro de 1995, Jones compareceu para receber o troféu do Led Zeppelin como 'International Artist' no American Music Awards.

Plant volta para a estrada

Ao lado: Plant no palco em Chicago, em abril de 1995.

À direita: Page, Plant e Jones com Jason e Zoe Bonham, no Hotel Waldorf-Astoria, em 1995.

Em 1993, enquanto Jimmy Page trabalhava para haver uma reunião do Led Zeppelin, Plant seguiu de volta à estrada, desta vez para divulgar seu último álbum, *Fate of Nations*. No início de 1994, entretanto, os dois se reuniram no Alexis Korner Memorial Concert, em Buxton, e no verão eles aceitaram um convite da MTV para gravar uma apresentação para a série *Unplugged*. Entretanto, o aparente desejo de Plant de manter o espectro do Zeppelin sob controle garantiu que Jones não fosse convidado a participar, enquanto seu desejo pelo controle artístico fez com que o formato padrão *Unplugged* em estúdio fosse aumentado com seguimentos de apresentações ao vivo no País de Gales e com músicos locais no Marrocos. Com uma combinação de músicas antigas do Zeppelin e composições novas, o show de 90 minutos foi ao ar em 12 de outubro, e dois dias depois, *No Quarter: Jimmy Page and Robert Plant Unledded* foi editado em LP. Em janeiro de 1995, o Led Zeppelin foi introduzido no Rock and Roll Hall of Fame, no Hotel Waldorf-Astoria, em Nova York, onde eles tocaram com Jason Bonham, Steven Tyler e Joe Perry do Aerosmith. Em seguida, Page e Plant embarcaram em uma turnê mundial.

Glastonburry

À direita: Page e Plant no palco no Glastonbury Festival, no dia 25 de junho de 1995.

Acima: Page e Plant no Shoreline Amphitheatre, em Mountain View, Califórnia, em 7 de outubro de 1995. Page e Plant passaram grande parte de 1995 em excursão, atravessando a América do Norte desde o final de fevereiro até o final de maio, antes de seguir pela Inglaterra e toda Europa durante o verão. Em 25 de junho, Page e Plant tocaram no Glastonbury Festival, em Somerset, e um mês depois Peter Grant fez sua última aparição pública em um de seus shows na Wembley Arena. Há muito ele havia saído das sombras onde mergulhou após a dissolução do Zeppelin; mas no final de novembro Grant sucumbiria a um ataque cardíaco fatal. Tendo completado outra série de shows no outono nos EUA, Plant e Page voltaram para a Inglaterra para comparecerem ao funeral de Grant, junto com John Paul Jones. Alan Callan, amigo de longa data e ex vice-presidente da Swan Song, leu o louvor fúnebre, e entre os presentes estavam Jeff Beck, Chris Dreja, Phil Maio, Boz Burrell e Denny Laine.

Um segundo álbum

Acima: Page e Plant em uma apresentação na Europa, em 1998. No início de 1996, Page e Plant deram continuidade a sua turnê mundial com shows na América do Sul, no Japão e na Austrália, antes de descansar para gravar seu segundo álbum. Enquanto isso, uma versão editada de "Whole Lotta Love" se tornou o primeiro compacto do Led Zeppelin lançado no Reino Unido em 1997, chegando ao 21º lugar. O LP *Walking Into Clarksdale*, de Page e Plant, saiu no princípio de 1998, e eles divulgaram o lançamento com uma longa turnê pela América do Norte e Europa.

À direita: O álbum recebeu um prêmio Grammy pelo *single* "Most High", porém, no verão, foi a colaboração um tanto incongruente de Page com o *rapper* Puff Daddy, que iria levá-lo aos postos mais altos das paradas no Reino Unido e nos EUA. Tirado da trilha sonora de *Godzilla*, "Come With Me", de Puff Daddy, que sampleou "Kashmir" do Led Zeppelin, e adicionou partes extras de guitarra tocadas por Page, alcançou o 2º lugar na Inglaterra e o 4º lugar no *Hot 100* da *Billboard*.

PLANET HOLLYWOOD
PLANET HOLLYWOOD
PLANET HOLLYWOOD

ITALIA

Plant e Page se separam novamente

Acima: Jimmy Page no palco com The Black Crowes em L.A., em outubro de 1999.

À esquerda: Page com os irmãos Chris e Rich Robinson dos Black Crowes, no lançamento de seu álbum gravado ao vivo.

Na primavera de 1999, tendo recebido o prêmio Grammy para *Best Hard Rock Performance*, Page e Plant deviam supostamente continuar sua turnê mundial pela Austrália, mas os meses se passaram e ficou claro que eles seguiram caminhos separados mais uma vez. Plant passou o restante do ano se apresentando em uma série de shows menores na Grã-Bretanha e arredores com The Priory of Brion, uma banda que apresentava o guitarrista Kevyn Gammond, com quem Plant tinha trabalhado na época da Band of Joy. Page, enquanto isso, se ligou nos *rockers* americanos sulistas The Black Crowes para uma série de shows que resultaram na edição do álbum *Live at the Greek*, no início de 2000. Page e os Crowes planejaram uma turnê grande para o ano 2000, que teve de ser cancelada depois de Page ter sofrido uma lesão nas costas durante um espetáculo nos EUA, em agosto.

Trabalhando solo

À esquerda: John Paul Jones com seu instrumento customizado de três braços que permitiu que ele recriasse as partes de guitarra em *overdub* em canções como "Ten Years Gone", durante a turnê de 1977 do Led Zeppelin pelos EUA. Em 1996, Jones começou a trabalhar em um projeto solo em seu novo estúdio, em Londres, embora seu primeiro álbum, *Zooma*, continuasse inédito, sem edição até o final de 1999. Ele divulgou o lançamento de estreia com uma excursão norte-americana em 2000, e no ano seguinte, já tendo editado o segundo LP, *The Thunderthief*, retornou aos Estados Unidos com The John Paul Jones Orchestra, abrindo os shows para o recém-reformado King Crimson.

Acima: Robert Plant no Cheese and Grain, em Frome, Somerset. Em 1999, Plant e The Priory of Brion conseguiram tocar quase anonimamente em *pubs* e em pequenos clubes na Inglaterra e no País de Gales, porém, ao longo do ano 2000, Plant levou a banda por toda Grã-Bretanha e Europa, tocando em locais grandes, inclusive feito participações em vários festivais durante o verão, incluindo Glastonbury, Pistoia Blues Festival (na Itália), Nice Jazz Festival e Cambridge Folk Festival. Ao dar a partida em Stoke-on-Trent, em fevereiro, a turnê foi concluída finalmente em Wolverhampton, no dia 21 de dezembro.

Strange Sensation

Acima: Robert Plant nas celebrações do 100° aniversário da Cadillac, em agosto de 2002. Em 2001, Plant participou de uma série de shows com sua nova banda Strange Sensation, saiu em seguida em uma longa turnê pela Grã-Bretanha, Europa e América do Norte, divulgando a edição do álbum *Dreamland*, que saiu em 2002. No mesmo ano, o Led Zeppelin licenciou o uso comercial de sua música pela primeira vez, permitindo que a fábrica de carros Cadillac usasse "Rock and Roll" como trilha sonora para sua campanha *Breakthrough*. Plant compareceu como convidado de honra nas celebrações do centenário da Cadillac em Detroit.

À esquerda: Jimmy Page com Fred Durst do Limp Bizkit e Wes Scantlin do Puddle of Mudd, no *MTV Europe Awards*, em Frankfurt, Alemanha. Após ficar um longo tempo distante do público depois de ferir as costas, Page surgiu como convidado-surpresa do *MTV Europe Awards* em novembro de 2001, se associando aos artistas de 'nu metal' Fred Durst e Wes Scantlin para uma versão de "Thank You", do Led Zeppelin.

O DVD de música de maior vendagem

À direita e ao lado: Enquanto Robert Plant continuava a excursionar em 2003, Jimmy Page esteve, mais uma vez, trabalhando calmamente em estúdio, revisitando e remasterizando o vasto arquivo gravado do Led Zeppelin. Seus recentes empreendimentos resultaram em dois álbuns de compilações 'Best of', mas em 2003 seria lançado o álbum triplo *How the West Was Won*, de grande sucesso, juntando dois shows realizados na Califórnia em 1972, além do DVD *Led Zeppelin*, que cobria toda a carreira da banda, o qual rapidamente se tornou o DVD de música com mais cópias vendidas da história. Naquele mesmo ano, Plant lançou a compilação *Sixty Six to Timbuktu*, que cobria seu trabalho solo de 1966 a 2003. Enquanto Plant parecia feliz em revisitar suas primeiras obras, ele estava claramente menos desejoso de reviver as glórias passadas do Led Zeppelin, e a sugestão de ser feita uma turnê com a reunião da banda falhou em se concretizar. No ano seguinte, John Paul Jones foi provavelmente o ex-membro do Zeppelin mais visível, ao embarcar em uma turnê de verão pelos EUA com The Mutual Admiration Society, embora Page ficasse no centro das atrações por um tempo, com a inauguração do London Walk of Fame, em agosto.

Lifetime Achievement Award

Acima: Page e Ahmet Ertegun em Los Angeles, em 2005. Em 13 de fevereiro de 2005, o Led Zeppelin foi homenageado com o Lifetime Achievement Award, no 47° Prêmios Anuais Grammy, em Los Angeles. Jimmy Page e John Paul Jones compareceram para receber o prêmio na cerimônia onde estava presente o Fundador-Presidente da Atlantic Records, Ahmet Ertegun. Junto com Jerry Wexler, Ertegun foi fundamental na decisão de contratar o Led Zeppelin para a Atlantic, em 1968, e ele permaneceu amigo íntimo dos músicos no decorrer de suas carreiras. Mais tarde, naquele ano, Ertegun receberia o prêmio de Mérito da National Academy of Recording Arts and Sciences, enquanto Page era condecorado com um OBE (Order of the British Empire) no Palácio de Buckingham, e foi feito cidadão honorário do Rio de Janeiro, em reconhecimento ao seu trabalho social com o ABC Trust and Task Brazil. Em fevereiro de 2005, Robert Plant fez dois concertos beneficentes em Bristol, em favor das vítimas do *tsunami* ocorrido no Oceano Índico em 2004.

À esquerda: Jimmy Page com John Paul Jones.

Concerto de apoio a Mandela

À direita e ao lado: No início de 2005, Robert Plant editou *Mighty Rearranger*, seu segundo álbum acompanhado pela banda The Strange Sensation. Como o disco anterior, o LP iria receber duas indicações para o prêmio Grammy, e foi divulgado com uma extensa turnê pelo Reino Unido, Europa e América do Norte. Após completar duas partes da turnê em março e abril, em 11 de junho Plant e sua banda, que agora incluía Clive Deamer e John Baggott, luminares da cena trip-hop de Bristol, tocaram no concerto 46664 Arctic, em Tromso, Noruega, o quarto de uma série de concertos realizados em honra de Nelson Mandela, para obter fundos para a fundação de combate à AIDS mantida por Mandela; o evento contou com a participação de Peter Gabriel, Annie Lennox, Bryan Maio, Sharon Corr, Razorlight, assim como um grande elenco de músicos europeus e africanos. O programa de Plant consistiu em "Shine It All Around" e "The Enchanter"de seu novo álbum, além de clássicos do Led Zeppelin "No Quarter", "When The Levee Breaks" e "Whole Lotta Love".

46664
46664

Plant em Chelmsford

À esquerda e acima: Robert Plant no V Festival, em Chelmsford, agosto de 2005. Plant e The Strange Sensation continuaram sua turnê durante os meses de verão, seguindo para a América do Norte pelo restante de junho e parte de julho, antes de retornar à Europa para a estação dos festivais, ganhando destaque no WOMAD, em Reading, e no Virgin's V Festival, o qual foi realizado em duas locações em dois dias de agosto. Quando o Led Zeppelin havia dispersado, Plant relutou em cantar seu repertório, mas agora no seu programa estavam 'No Quarter', "Black Dog", "Four Sticks", "Gallows Pole", "When The Levee Breaks" e "Whole Lotta Love". Em vez de tentar recriá-las fielmente, Plant e sua banda reinterpretavam essas músicas — enfatizando as influências do Marrocos e do Oriente que sempre se misturavam no som do Led Zeppelin, e combinando com elementos de trip-hop e de blues-rock — o que não apenas refletia a fascinação de longa data de Plant com música não ocidental, mas também sua vontade de que essas músicas ficassem artisticamente relevantes.

Prêmio Icon para Page

À esquerda: Jimmy Page e Noel Gallagher, do Oasis, na premiação da revista *Q*, em outubro de 2005. Neste ano, Page parecia estar aposentado dos negócios relativos à música e devotava seu tempo à criação de seus filhos menores — algo que talvez não tenha sido possível durante os dias de glória do Led Zeppelin, quando a banda vivia permanentemente na estrada por meses a fio. Ele também se ocupou como patrocinador de uma fundação de caridade, que havia fundado com sua esposa. Entretanto, em meados de junho Page se juntou com o legendário Jerry Lee Lewis em um estúdio de Londres, para a gravação de uma versão de "Rock and Roll" para o álbum de duetos de Jerry, *Last Man Standing*. Naquele ano, mais tarde, Page foi homenageado como uma lenda, ele próprio, ao receber da revista *Q*, em outubro, o prêmio *Icon*, numa cerimônia realizada no Hotel Grosvenor House, em Londres.

Ao lado: Jimmy Page com sua filha Scarlet.

Excursionando pela América do Norte

À esquerda: Durante o outono de 2005, Robert Plant embarcou em outra turnê pela América do Norte com The Strange Sensation, e em 5 de outubro dividiu o faturamento de um show com o grupo americano de rock Pearl Jam, no House of Blues de Chicago. Organizado em benefício das vítimas do furacão Katrina, que devastou a Costa do Golfo nos EUA, em agosto, o evento arrecadou um milhão de dólares para a Cruz Vermelha americana e outras entidades. The Strange Sensation tocou um programa de apenas 45 minutos, ao contrário do Pearl Jam que fez show de duas horas, mas assim que o Pearl Jam encerrou a apresentação, Plant se juntou a ele no palco para cantar "Little Sister", de Elvis Presley, "Money (That's What I Want)", de Barrett Strong, assim como músicas do Led Zeppelin — "Going To California", "Fool In The Rain" e "Thank You" — antes de pegar uma guitarra e se juntar a Neil Young em "Rockin' In the Free World".

Ao lado: No mês seguinte, Plant e The Strange Sensation estavam de volta à Europa, e em dezembro deram início à parte final de sua turnê com um show no Hammersmith Palais, em Londres.

Prêmio Polar Music

À esquerda e ao lado: Em 26 de maio de 2006, os membros remanescentes do Led Zeppelin foram reunidos mais uma vez, embora nesta ocasião não para tocar, mas para receber o prestigioso prêmio sueco Polar Music, conferido pela The Royal Swedish Academy of Music e a Stig Anderson Music Award Foundation, em reconhecimento pela excepcional realização musical. Durante a cerimônia, que aconteceu no Stockholm Concert Hall, o Led Zeppelin foi saudado por Jon Lord, cofundador do Deep Purple, como um dos maiores grupos pioneiros do rock, e Plant relembrou o álbum *In Through the Out Door*, que foi gravado na capital sueca no final de 1978, no Polar Studios, do ABBA. A banda sueca de rock The Soundtrack of Our Lives tocou uma série de clássicos do Zeppelin, incluindo "Kashmir" e "Whole Lotta Love", antes de os prêmios serem entregues a Page, Plant e Jones pelo rei Carlos XVI Gustavo. Zoe Bonham também estava presente para receber o prêmio póstumo dado a seu pai.

Festival Combury

À direita: Robert Plant, em Londres, em julho de 2006. Na sequência da viagem à Suécia, Plant se apresentou no Beacon Theatre de Nova York, em 23 de junho, onde foi a atração do Benefit for Arthur Lee, evento que arrecadou fundos para ajudar Lee a pagar um tratamento médico, pois o músico descobriu sofrer de leucemia. Apoiado pela banda de Ian Hunter (ex-líder do Mott the Hoople), Plant cantou músicas do Led Zeppelin e de Arthur Lee & Love. Uma semana mais tarde, Plant se apresentou na noite de abertura do 40º Festival de Jazz de Montreux, que homenageou à Atlantic Records e Ahmet Ertegun e destacou uma série de astros, incluindo Steve Winwood, Stevie Nicks, Ben E. King e Solomon Burke. Jimmy Page deveria estar presente, mas foi anunciado que ele teve de retornar devido a problemas de saúde. Em seguida ao show, Plant continuou a excursão pela Europa com The Strange Sensation, e em 10 de julho eles se apresentaram no Somerset House, em Londres, como parte de uma série de concertos marcados naquele verão.

Acima: Plant se apresenta em Cornbury, em julho de 2006.

UK
MUSIC
HALL
OF
FAME

Music Hall of Fame, Reino Unido

À esquerda: Em 14 de novembro de 2006, o Led Zeppelin foi indicado para Music Hall of Fame, Reino Unido, no Alexandra Palace, em Londres, junto com vários outros, incluindo James Brown, Brian Wilson, Rod Stewart e Sir George Martin. O Zeppelin foi apresentado por Roger Taylor do Queen e a banda australiana Wolfmother tocou "Communication Breakdown" como tributo. A cerimônia foi transmitida ao vivo pela BBC Radio 2, com os destaques sendo mostrados pela tevê dois dias depois, pelo Canal 4. Robert Plant e John Paul Jones optaram por não comparecer ao evento, deixando que Jimmy Page recebesse o prêmio em nome da banda.

Ao lado: Tendo feito apenas uma série pequena de shows ao vivo em 2005 e 2006, no começo de 2007, John Paul Jones retornou aos palcos, se apresentando em Merlefest, na Carolina do Norte, em abril, e no espetáculo em homenagem a Syd Barrett, no Barbican, em Londres, em maio. No mês seguinte participou do Bonnaroo Festival, no Tennessee (foto), onde dividiu o palco com vários destaques da música, incluindo Uncle Earl, Gillian Welch, Ben Harper e Gov't Mule.

Juntos Novamente: O2 Arena, em 2007

À esquerda e acima: Durante o verão de 2007, Plant continuava a excursionar com The Strange Sensation, enquanto Jones estava se apresentando na Europa com Robyn Hitchcock. Entretanto, começaram a circular rumores de que o Led Zeppelin estava planejando fazer uma única apresentação como tributo a Ahmet Ertegun, que morrera em dezembro do ano anterior. De fato, Page, Plant, Jones e Jason Bonham se reuniram no início de junho para ensaiar, e em setembro os boatos se confirmaram, com o anúncio de que o Led Zeppelin se apresentaria tocando um show de duas horas no O2 Arena de Londres, em 26 de novembro. Como um curioso eco de épocas passadas, o show teve de ser remarcado, pois Page fraturou um dedo, mas isso serviu somente para aumentar a expectativa, com a mídia exagerando o acontecimento, que atingiu o ponto de efervescência quando o Led Zeppelin explodiu no palco em 10 de dezembro. Para Plant, que sempre foi o mais resistente para tais reuniões, o evento representou a oportunidade de colocar os desapontamentos com as performances no Live Aid e na homenagem à Atlantic no passado; se não serviu para colocar o Led Zeppelin para descansar de uma vez por todas, de alguma forma o concerto pareceu aguçar o apetite da imprensa e do público, e Plant admitiu que ele também gostou da experiência.

Mothership

À direita: Jimmy Page compareceu a uma coletiva de imprensa no Hotel Park Hyatt, em Tóquio, para anunciar o lançamento iminente de *Mothership*. No final de 2007, para coincidir com sua reunião, o Led Zeppelin editou versões remasterizadas de *The Song Remains the Same* em CD e DVD, assim como *Mothership*, um novo álbum de material compilado, que saiu disponível em CD e vinil, e também uma edição de luxo, acompanhada de DVD. O LP chegaria ao 4º posto no Reino Unido e em 7º lugar nos EUA, porém, lideraria as paradas na Noruega e Nova Zelândia.

Acima: John Paul Jones com Dave Grohl, em Los Angeles, em 2008. Em 10 de fevereiro de 2008, John Paul Jones esteve presente no 50º Prêmios Anuais Grammy, em Los Angeles, onde ele subiu ao palco com Foo Fighters para tocar "The Pretender". Em vez de tocar contrabaixo ou teclados, na ocasião Jones atuou como maestro da orquestra que acompanhou o número, para o qual ele produziu um novo arranjo. Mais tarde naquele ano, Jones e Page se juntariam ao Foo Fighters para um bis de "Rock and Roll" e "Ramble On", no Wembley Stadium, em Londres.

Plant e Krauss

Acima: Robert Plant e Alison Krauss no palco do 39° Annual New Orleans Jazz and Heritage Festival, em 25 de abril de 2008. Tendo ambos tocado em 2004 em um concerto feito em tributo a Leadbelly, em 2007 Plant e Krauss junto com o produtor T-Bone Burnett colaboraram no álbum *Raising Sand*. Com *covers* de canções de artistas como Tom Waits, Gene Clark, Milton Campbell e The Everly Brothers, assim como uma releitura de "Please Read The Letter" de Page e Plant, o LP foi aclamado e bem-sucedido, chegando ao segundo lugar nos dois lados do Atlântico, depois de seu lançamento em outubro de 2007. Na primavera seguinte, Plant e Krauss embarcaram em sua primeira turnê juntos, cumprindo uma série de datas marcadas nos EUA em abril, antes de seguir para a Grã-Bretanha e Europa no mês seguinte.

À direita: A parte europeia da turnê foi finalizada em 22 de maio, com uma apresentação no Wembley Arena.

Melhor Colaboração pop

Acima: Em fevereiro de 2008, Robert Plant e Alison Krauss venceram o prêmio Grammy para categoria Melhor Colaboração Pop Com Vocais, com o primeiro compacto tirado do LP *Raising Sand*, "Gone, Gone, Gone (Done Moved On)", que foi escrita e gravada originalmente pelos Everly Brothers em 1964. No final de 2008, Plant compareceu ao CMT Awards em Nashville, Tennessee, onde o vídeo do compacto venceu o prêmio The Wide Open Country Video daquele ano.

À direita: Em 16 de junho, Jimmy Page e John Paul Jones foram assistir à cerimônia da Mojo Awards no The Brewery, em Londres, onde receberam o prêmio para Melhor Show ao Vivo, dado ao Led Zeppelin, por apresentação no O2 Arena. Quatro dias depois, Page foi agraciado com o título de doutor honorário por seus serviços para a indústria musical, pela Universidade de Surrey.

MOJO
MOJO HONOURS LIST

Apresentação olímpica

Acima e à direita: Para marcar a passagem dos Jogos Olímpicos em Londres, Jimmy Page e Leona Lewis interpretaram um novo arranjo para "Whole Lotta Love", do Led Zeppelin, na cerimônia de fechamento das Olimpíadas de Verão de 2008 em Beijing. Acompanhados pelo astro do futebol David Beckham, que chutou uma bola na direção do público, Page e Lewis interpretaram a canção de cima de um ônibus vermelho de dois andares, diante de um público de mais de 90 mil pessoas no National Stadium, em Beijing. Transmitida para todo o mundo, estima-se que a cerimônia foi assistida por um público perto de dois bilhões.

FILM

It Might Get Loud

À esquerda: No começo de setembro, Jimmy Page compareceu ao Toronto Film Festival, onde o documentário *It Might Get Loud* teve a sua *première* mundial. Coproduzido por Page e Davis Guggenheim, o diretor de *An Inconvenient Truth*, o fime explora a história da guitarra elétrica através de um exame das carreiras de The Edge, do U2, de Jack White, dos White Stripes e The Raconteurs, e do próprio Page. O filme também mostra os três guitarristas tocando juntos, e inclui uma versão do blues tradicional "In My Time Of Dying", que o Led Zeppelin havia previamente gravado em seu sexto álbum de estúdio, *Physical Graffiti*. Durante o festival, Page, Jack White e The Edge participaram de uma coletiva de imprensa para discutirem a feitura do filme.

Ao Lado: Na mesma época, Robert Plant e Alison Krauss compareceram à cerimônia The Mercury Music Prize no Hotel Grosvenor House, em Londres, por receber indicação pelo seu álbum com fusão de folk *Raising Sand*.

GQ
dunhill
LONDON
GQ MEN OF THE YEAR 2008
Led Zeppelin

Prêmio 'Outstanding Achievement'

À esquerda: Em 3 de setembro de 2008, Jimmy Page, Robert Plant e John Paul Jones fizeram uma rara aparição como grupo numa cerimônia de premiação, quando compareceram ao Men of the Year Awards da revista *GQ*, no Royal Opera House, em Londres, onde foram agraciados com o prêmio Outstanding Achievement ('realização proeminente'). Outros músicos presentes foram Dave Grohl, do Foo Fighters, Bobby Gillespie, do Primal Scream, Mark Ronson e Elton John.

Ao lado: Robert Plant cantando (com Alison Krauss) no Austin City Limits Music Festival, no Texas, em 27 de setembro de 2008. No outono, enquanto Plant e Alison Krauss se apresentavam nos EUA, começaram a surgir rumores de que o Led Zeppelin estaria planejando uma turnê. Plant negou as histórias, dizendo que não tinha planos de reformar o grupo, estando feliz com sua atual parceria musical com Alison Krauss; porém, apenas alguns dias depois, houve uma informação confirmada de que Page, Jones e Jason Bonham estavam testando vocalistas com vista a uma excursão sem o cantor original do Zeppelin. No início de 2009, entretanto, foi anunciado que Page desistiu da ideia de excursionar sem Plant, e em fevereiro, o cantor teve mais motivos para celebrar sua parceria com Alison Krauss, quando o casal causou sensação no 51° Prêmios Grammy, vencendo em cinco categorias, incluindo Álbum do Ano, por *Raising Sand*.

Cronologia

	1944
9 de janeiro	James Patrick Page nasce em Heston, Middlesex
	1946
3 de janeiro	John Baldwin (John Paul Jones) nasce em Sidcup, Kent
	1948
31 de maio	John Henry Bonham nasce em Redditch Worcestershire
20 de agosto	Robert Anthony Plant nasce em West Bromwich, Staffordshire
	1957
	Page ganha a primeira guitarra de seus pais
	1958
	Com 14 anos, Page aparece no programa *Search For The Stars* da ITV
	1960
	Page toca com o poeta *beat* Royston Ellis e se junta ao Red E Lewis e The Red Caps
	Jones começa a tocar contrabaixo no internato, depois vai tocar na banda de seu pai
	1961
	Page se junta ao grupo Neil Christian & The Crusaders
	1962
Novembro	Page toca no compacto dos Crusaders "The Road To Love", produzido por Joe Meek. Depois de um tempo excursionando com a banda, ele se matricula no Sutton Art College
	1963
Fevereiro	Page toca no hit de Jet Harris & Tony Meehan "Diamonds", que chega no 1º lugar das paradas
	Jones se junta ao grupo de Jet Harris & Tony Meehan
	Bonham ganha de seu pai sua primeira bateria
	1964
	Como diretor musical de Andrew "Loog" Oldham, Jones começa a se estabelecer como um dos principais músicos de estúdio e arranjador, trabalhando em sessões dos Rolling Stones e Nico, entre outros. Em abril, ele lança o compacto solo instrumental "Baja" / "A Foggy Day in Vietnam"
	Page toca em vários discos de sucesso, e se estabelece como um dos principais guitarristas de estúdio do Reino Unido
	Plant se apresenta com Andy Long & The Original Jaymen, The Black Snake Moan e The Crawling King Snakes
	John Bonham entra na banda Terry Webb & The Spiders, e grava "She"s A Mod" com The Senators
	1965
	Bonham se casa com sua namorada Pat Phillips
Fevereiro	Page edita um compacto solo, "She Just Satisfies" / "Keep Moving"
	1966
	Bonham e Plant tocam juntos no The Crawling King Snakes
	Jones se torna diretor musical de Mickie Most, fazendo arranjos para gravações de Herman"s Hermits, Lulu e Donovan
	Page faz o arranjo e toca em "Beck"s Bolero", com participação de Nicky Hopkins, Keith Moon e Jones, levando-o a considerar a formação de um novo supergrupo. Moon sugere o nome "Lead Zeppelin" para a banda
Junho	Page se junta ao grupo The Yardbirds no contrabaixo, muda rapidamente para guitarra e passa a tocar solos em dupla com Jeff Beck
15 de julho	Nasce Jason, filho de Bonham
Outubro	Plant canta os solos vocais de "You Better Run" / "Everybody"s Gonna Say" da banda Listen
Novembro	Beck deixa os Yardbirds, deixando Page como único solista
Dezembro	Jones faz o arranjo da música "Little Games" dos Yardbirds
	1967
	Peter Grant se torna empresário dos Yardbirds
	Plant e Bonham tocam juntos no Band of Joy
	Jones se casa com sua namorada Maureen
Março	Plant lança o compacto solo "Our Song" / "Laughing, Crying, Laughing"
Setembro	Plant lança o compacto solo "Long Time Coming" / "I"ve Got a Secret"
	1968
	Tendo começado a tocar regularmente em Londres, The Band of Joy acompanha o cantor americano Tim Rose, quando ele inicia sua turnê britânica
	Page e The Yardbirds tocam "I"m Confused" para uma sessão de radio de John Peel; baseada numa música de Jake Holmes, a canção depois se tornaria a famosa "Dazed and Confused" do Led Zeppelin
Abril	Page e Jones gravam juntos em "Hurdy Gurdy Man" de Donovan. Ouvindo rumores de que Page estava pensando em formar uma nova banda, Jones pede a Jimmy para tê-lo em mente para a posição de baixista
Maio	The Band of Joy se separa; Bonham passa para o grupo de apoio de Tim Rose para uma nova turnê pelo Reino Unido, Plant começa a gravar com Alexis Korner, "O Pai do Blues Inglês"
Junho	Jim McCarty e Keith Relf saem dos Yardbirds. Page toca nas sessões do álbum *With A Little Help From My Friends*, de Joe Cocker
7 de julho	Última apresentação dos Yardbirds, no Luton Technical College
Agosto	Tendo visto Plant cantar com a banda Hobstweedle em Birmingham, Page convida o cantor para ir em sua casa em Pangbourne, onde ele pede que Plant se junte ao The New Yardbirds. Plant recomenda Bonham como baterista
	Page, Plant, Jones e Bonham se encontram pela primeira vez para ensaiar, em Londres
Setembro	Eles acompanham o cantor PJ Proby, como The New Yardbirds, durante a gravação de seu álbum *Three Week Hero* — na ocasião, Plant tocou harmônica
7 de setembro	Ainda com o nome The Yardbirds, o grupo inicia uma turnê curta pela Escandinávia, com a primeira apresentação em Gladsaxe, Dinamarca
4 de outubro	A formação faz sua estreia na Inglaterra, em Newcastle
11 de outubro	Plant toca harmônica para uma sessão da BBC, com Alexis Korner e Steve Miller
25 de outubro	A banda toca como Led Zeppelin pela primeira vez, na Surrey University
Outubro	O Led Zeppelin grava seu primeiro álbum, homônimo, no Olympic Studios, em Londres
9 de novembro	Plant se casa com sua namorada Maureen. O Led Zeppelin toca no Roundhouse, em Camden. John Lee Hooker também se apresenta no show
13 de novembro	A Atlantic anuncia que assinou com o Led Zeppelin, a primeira banda de rock contratada pelo selo
21 de novembro	Nasce Carmen, filha de Plant
26 de dezembro	Depois de algumas apresentações no Reino Unido, o Led Zeppelin começa sua primeira turnê norte-americana no Denver Coliseum, Colorado
	1969
12 de janeiro	O primeiro álbum *Led Zeppelin* é editado nos EUA
15 de fevereiro	Último show da turnê norte-americana no Thee Image Club, em Miami, Flórida. O LP de estreia entra no Top 40 americano
24 de fevereiro	O Led Zeppelin toca no Lafayette Club, em Wolverhampton, comemorando o 21º aniversário de Pat Bonham
Março – Abril	Alguns shows pelo Reino Unido e Europa
10 de março	Compacto com "Good Times Bad Times" / "Communication Breakdown" é editado nos EUA; vai chegar ao posto nº 80 nas paradas
17 de março	Apresentação gravada em Copenhague, Dinamarca, para a televisão dinamarquesa
19 de março	Gravação de sessão para a rádio BBC
21 de março	O Led Zeppelin aparece tocando "Communication Breakdown" na TV britânica, no programa *How Late It Is* da BBC
25 de março	A banda é filmada para *Supershow* em Staines; no programa também estão Eric Clapton, Jack Bruce, Buddy Miles, Buddy Guy e Stephen Stills
28 de março	Edição de *Led Zeppelin I* no Reino Unido
18 de abril	O Led Zeppelin começa sua segunda turnê norte-americana tocando no New York University Jazz Festival

Maio	A turnê continua, intercalada com sessões de gravação em vários estúdios americanos
	O primeiro álbum entra no Top 10 americano
31 de maio	A turnê americana termina no Fillmore East, em Nova York
Junho	Gravações para o segundo LP e também para a rádio BBC em vários locais de Londres
13 de junho	Primeira turnê no Reino Unido tem início em Birmingham
19 de junho	Apresentação gravada para a televisão francesa, em Paris
28 de junho	O Led Zeppelin toca para um público estimado em 12 mil fãs no Bath Festival Of Blues, no qual também se apresentam John Mayall, Fleetwood Mac e Ten Years After
29 de junho	A turnê pelo Reino Unido termina no Royal Albert Hall, em Londres, onde o Led Zeppelin é a atração principal da primeira noite *Pop Proms*, com apoio das bandas The Liverpool Scene e Blodwyn Pig, de Mick Abraham
5 de julho	A terceira turnê norte-americana tem início no Atlanta Pop Festival, na Georgia, diante de um público estimado em 40 mil. Esta turnê levará a banda para diversos festivais, incluindo o Newport Jazz Festival, o Schaefer Music Festival, no Central Park, também o Seattle Pop Festival e o Singer Bowl Music Festival, em Nova York
Agosto	Gravações do novo álbum ocorrem em Nova York e Los Angeles
31 de agosto	A excursão chega ao final no Texas International Pop Festival
Setembro	Page e Bonham tocam no álbum *Lord Sutch and Heavy Friends*, de Screaming Lord Sutch, que Page também produz
Outubro	Shows pela Europa e Reino Unido
12 de outubro	O Led Zeppelin toca no Lyceum Theatre, de Londres — pela apresentação, os músicos recebem o mais alto cachê já pago para uma banda britânica por uma única apresentação
17 de outubro	O Led Zeppelin inicia sua 4ª turnê norte-americana com uma apresentação no Carnegie Hall de Nova York, se tornando a primeira banda de rock a se apresentar no local depois dos Beatles e Rolling Stones em 1964
22 de outubro	*Led Zeppelin II* é editado. Os pedidos antecipados chegam a 400 mil cópias
7 de novembro	"Whole Lotta Love" / "Living Loving Maid (She"s Just A Woman)" são editadas em compacto nos EUA
8 de novembro	A turnê chega ao fim no Winterland Ballroom, em San Francisco
Novembro	Primeiras gravações para o LP *Led Zeppelin III* no Olympic Sound Studios, em Londres
5 de dezembro	A edição de "Whole Lotta Love" em compacto no Reino Unido é barrada por Peter Grant
6 de dezembro	O Led Zeppelin toca um show avulso em Paris, França, no qual também se apresenta The Pretty Things
11 de dezembro	O Led Zeppelin recebe os discos de ouro e platina da Secretaria do Parlamento para a Câmara do Comércio, no Savoy Hotel, em Londres. Indo para a cerimônia, Page sofre um acidente de carro e tem contusões leves
27 de dezembro	*Led Zeppelin II* tira *Abbey Road* dos Beatles do topo das paradas americanas, e permanece no posto por sete semanas

1970

Janeiro	"Whole Lotta Love" chega ao 4º posto na parada americana da *Billboard*
7 de janeiro	Uma série de 8 shows no Reino Unido começa em Birmingham
9 de janeiro	Page celebra seu 26º aniversário tocando com o Led Zeppelin no Royal Albert Hall, onde ele encontra a modelo francesa Charlotte Martin. O show é filmado profissionalmente para um documentário e mostra Jones tocando órgão Hammond e contrabaixo. John Lennon, Eric Clapton e Jeff Beck assistem ao show
7 de fevereiro	*Led Zeppelin II* vai para o primeiro lugar na parada do Reino Unido. O concerto em Edinburgh é transferido para o dia 17, depois de Plant sofrer um acidente de carro
23 de fevereiro	A turnê europeia começa em Helsinki, Finlândia
26 de fevereiro	O Led Zeppelin é entrevistado para a televisão sueca
28 de fevereiro	O Led Zeppelin se apresenta em Copenhague como "The Nobs", evitando as ameaças de uma ação legal de Eva Von Zeppelin
12 de março	A turnê pela Europa chega ao final em Dusseldorf, Alemanha
21 de março	Tem início a 5ª turnê norte-americana do Led Zeppelin

	em Vancouver, Canadá, sua primeira feita sem uma banda de apoio. A guitarra de Page é perdida na rota para o Canadá
28 de março	O Led Zeppelin toca no show de TV *Beat Club*
5 de abril	Problemas com o sistema PA e com o público turbulento em Baltimore
13 de abril	O Led Zeppelin estabelece um novo recorde para público no Montreal Forum, tocando para uma multidão de 17.500 fãs
17 de abril	Os músicos do Led Zeppelin são homenageados recebendo as chaves da cidade ao se apresentarem em Memphis. Naquela noite, Plant tem de controlar uma plateia barulhenta, enquanto nos bastidores surgiu a notícia que Peter Grant foi ameaçado com arma por um promotor local
18 de abril	O show em Phoenix é interrompido, pois Plant sente-se mal
19 de abril	O show final da excursão que devia ser em Las Vegas é cancelado porque Plant fica sem voz
26 de abril	Page participa do programa de TV de Julie Felix na BBC, tocando "White Summer" e "Black Mountain Side"
Abril / Maio	Page e Plant se recolhem numa cabana em Bron-yr-Aur, perto de Machynlleth, País de Gales, para escrever o material para o próximo LP
Maio	O Led Zeppelin vai para Headley Grange, em Hampshire, para gravar
Maio / Junho	As gravações são transferidas para o Olympic Sound Studios, de Londres
22 de junho	O Led Zeppelin toca na Islândia, local que inspira a composição com tema viking "Immigrant Song"
28 de junho	O Led Zeppelin toca como atração principal do Bath Festival em West Showground, Shepton Mallet, depois das *performances* de Frank Zappa & The Mothers of Invention e Jefferson Airplane. O público é estimado entre 150 mil a 250 mil pessoas. "Immigrant Song" é apresentada pela primeira vez
16 de julho	O Led Zeppelin toca em Cologne, a primeira de quatro noites consecutivas na Alemanha
Julho	As gravações passam a ser no Island Studios, inaugurado recentemente em Londres
15 de agosto	Originalmente planejada para iniciar dez dias antes, em Cincinnati, o Led Zeppelin começa sua 6ª turnê norte-americana no Yale Bowl, New Haven, Connecticut
Agosto	A mixagem final de *Led Zeppelin III* é completada no Ardent Studios, em Memphis, Tennessee
18 de setembro	Page e Plant são entrevistados numa coletiva de imprensa em Nova York
19 de setembro	A turnê termina com duas apresentações no Madison Square Garden, onde Plant faz um tributo a Jimi Hendrix, morto um dia antes
27 de setembro	O Led Zeppelin encerra um reinado de oito anos dos Beatles como "Top Group" na enquete anual feita com leitores da *Melody Maker*
5 de outubro	É editado *Led Zeppelin III* nos EUA. Com vendas antecipadas perto de um milhão de cópias, o álbum obtém o status de disco de ouro, instantaneamente
16 de outubro	Os músicos do Led Zeppelin são homenageados por sua contribuição para a economia de exportação britânica, recebendo outro disco de ouro
23 de outubro	*Led Zeppelin III* é editado no Reino Unido
31 de outubro	*Led Zeppelin III* vai para o primeiro lugar na parada americana dos álbuns mais vendidos
5 de novembro	"Immigrant Song" / "Hey Hey What Can I Do" são editadas em compacto nos EUA
7 de novembro	*Led Zeppelin III* chega ao topo da parada de álbuns no Reino Unido, permanecendo três semanas na posição. Ele voltaria ao 1º lugar, por uma semana, em 12 de dezembro
Dezembro	Gravações no Island Studios e em Headley Grange

1971

Janeiro	As gravações continuam em Headley Grange
30 de janeiro	"Immigrant Song" aparece em 16º lugar nos EUA
Fevereiro	Gravações finais no Island Studios e no Olympic Sound Studios, em Londres. O engenheiro Andy Johns, então, mixou o LP no Sunset Sound, em Los Angeles
14 de fevereiro	Led Zeppelin foi votado "a maior banda do mundo" na premiação das publicações Disc e Music Echo, em Londres
5 de março	Já passados cinco meses desde a última apresentação, a banda lança sua turnê de primavera em Belfast, onde "Stairway to Heaven" é tocada ao vivo pela primeira vez
23 de março	A turnê pelos clubes do Reino Unido chega ao final no Marquee, de Londres
24 de março	Nasce Scarlet, filha de Jimmy Page e Charlotte Martin
1º de abril	O Led Zeppelin grava um show ao vivo no Paris Cinema, em Londres, para ser apresentado no programa de rádio *In Concert*, de John Peel
3 de maio	"Misty Mountain Hop" é mostrada pela primeira vez num show em Copenhague, enquanto "Four Sticks" é tocada ao vivo pela primeira vez

29 de junho	John Bonham improvisa com vários astros no Rock Revival Show, em Birmingham, Inglaterra
5 de julho	Ocorrendo um tumulto, com uma batalha entre a polícia e fãs em Milão, Itália, o Led Zeppelin é forçado a abandonar o palco no meio do show, por causa do gás lacrimogênio — o palco acabou sendo invadido e destruído
7 e 8 de agosto	Dois shows são realizados no Montreux Casino, Suíça. Quatro meses depois, o Casino seria inteiramente queimado num incêndio que começou durante um concerto de Frank Zappa, inspirando o Deep Purple com sua canção "Smoke On The Water"
19 de agosto	A 17ª turnê americana do Led Zeppelin começa em Vancouver, Canadá. A superlotação do show levou a que vários fãs saíssem feridos, além de uma parte do palco ter desabado
20 de agosto	Na data do 23º aniversário de Plant, ele dá uma entrevista ao jornalista canadense Rick McGrath, depois do show em Vancouver
3 de setembro	A parte da frente do palco desaba sob o peso dos fãs no Madison Square Garden
17 de setembro	A turnê americana chega ao final com duas apresentações em Honolulu, Havaí
23 e 24 de setembro	O Led Zeppelin toca pela primeira vez no Japão, no Nippon Budokan, em Tóquio. "Immigrant Song" está no topo das paradas japonesas
25 de setembro	O Led Zeppelin passa a noite improvisando com músicos locais em um clube de Kyoto
27 de setembro	Homenagem às vítimas das bombas atômicas da II Guerra Mundial. O Led Zeppelin recebe Medalhas da Paz e a Carta Civil da cidade
29 de setembro	A curta turnê japonesa termina no Festival Hall em Osaka. Page e Plant vão visitar Hong Kong, Tailândia e Índia
Outubro	Os *tapes* da Sunset Sound são inutilizados, Page e o engenheiro Glyn Johns produzem a mixagem final do quarto álbum em Londres
8 de novembro	O quarto LP sem título do Led Zeppelin é editado. Vai se tornar um dos álbuns de maior vendagem da história
11 de bovembro	O Led Zeppelin inicia uma turnê pelo Reino Unido em Newcastle
20 e 21 de novembro	O Led Zeppelin toca em duas noites no Wembley Empire Pool, em Londres. Os shows recebem o título "Electric Magic", e têm músicos e artistas de circo dando suporte
23 de novembro	Mick, irmão de Bonham, junta-se à banda no palco em Preston para tocar congas durante "Whole Lotta Love"
2 de dezembro	"Black Dog" / "Misty Mountain Hop" são editadas em compacto nos EUA e Austrália, e chegam aos postos 15 e 11, respectivamente
4 de dezembro	O quarto LP do Led Zeppelin chega no 1º lugar nas paradas dos álbuns no Reino Unido. Atinge o 2º lugar nos EUA
9 de dezembro	O show em Coventry é brevemente interrompido por suspeita de bomba colocada pelo IRA
21 de dezembro	A turnê no Reino Unido termina em Salisbury

1972

	Bonham compra a fazenda Old Hyde, em Cutnall Green, Worcestershire
Janeiro	Ensaios e gravações são realizados no estúdio da casa de Page, em Sussex, e no Olympic Sound Studios, em Londres
6 de fevereiro	Plant e Bonham improvisam com Fairport Convention no Lafayette Club, em Wolverhampton
13 de fevereiro	Por conta do cabelo grande, o Led Zeppelin é impedido de entrar em Cingapura, forçando o cancelamento do show que deveria acontecer no dia seguinte
16 de fevereiro	A turnê pela Austrália e Nova Zelândia começa em Perth. O concerto é marcado por tumultos, quando numerosos fãs tentam entrar no Subiaco Oval sem pagar. Naquela noite, o Led Zeppelin é visado por uma batida policial antidrogas em seu hotel
21 de fevereiro	"Rock and Roll" / "Four Sticks" são editadas em compacto nos EUA
22 de fevereiro	A banda é entrevistada por Germaine Greer em Sydney
29 de fevereiro	A turnê termina em Brisbane, em seguida, Page e Plant viajam para Bombaim, Índia, onde gravam com músicos locais, incluindo membros da Bombay Symphony Orchestra
12 de abril	Nasce Karac, filho de Robert e Maureen Plant
Abril / Maio	Sessões de gravação na fazenda de Mick Jagger, em Berkshire, e também no Olympic e Island Studios, em Londres
27 de maio	Show para esquentar em Amsterdã, Holanda
28 de maio	Mais uma apresentação para esquentar, em Bruxelas, Bélgica, diante de um público particularmente turbulento
6 dé junho	O Led Zeppelin começa sua 8ª turnê norte-americana em Cobo Hall, Detroit. Graças ao empresário Peter Grant, a banda recebe 90% da receita da bilheteria, algo até então nunca visto
Junho	Gravação e mixagem do 5º LP no Electric Lady Studios, em Nova York
18 de junho	Tendo acontecido um grande tumulto no concerto dos Rolling Stones poucos dias antes, o show programado do Led Zeppelin em Vancouver foi substituído por uma data extra em Seattle
25 de junho	O Led Zeppelin toca no LA Forum. Anos depois, o show seria editado no álbum ao vivo *How the West Was Won*, junto com gravações feitas no Long Beach Arena no dia 27. Page encontra a modelo Lori Maddox, de 14 anos
26 de junho	Plant é entrevistado para o programa de rádio do DJ Wolfman, em Los Angeles
28 de junho	A turnê chega ao fim no Tucson Community Centre, no Arizona
2 de outubro	O Led Zeppelin inicia sua 2ª turnê japonesa no Budokan Hall, em Tóquio
10 de outubro	Última noite da turnê japonesa em Kyoto, no Kaikan Hall
Outubro	Ensaios no Rainbow Theatre, em Londres
28 e 29 de outubro	Duas datas no Montreux Pavillion, Suíça
Novembro	Page visita os Rolling Stones na Jamaica, onde participa de uma *jam session*
10 de novembro	110 mil ingressos para a próxima turnê pelo Reino Unido são vendidos em quatro horas
30 de novembro	A maior turnê do Led Zeppelin pelo Reino Unido inicia no Newcastle City Hall
23 de dezembro	A primeira parte da turnê pelo Reino Unido chega ao final com o segundo dos dois shows no Alexandra Palace, em Londres

1973

2 de janeiro	A segunda parte da turnê começa em Sheffield. Plant está gripado, e teve de pegar carona com Bonham para chegar ao local do concerto depois de o carro dele quebrar no caminho
16 de janeiro	O Led Zeppelin toca para uma plateia bastante reservada, que inclui muitas autoridades locais, em Kings Hall, Aberystwyth
31 de janeiro	A excursão pelo Reino Unido termina em Preston
16 de fevereiro	O lançamento do 5º LP, *Houses Of The Holy*, é adiado por causa de problemas com o projeto da capa
2 de março	A 2ª turnê europeia começa em Copenhague, Dinamarca
20 de março	Uma prévia de "No Quarter" é transmitida por Bob Harris no programa *Old Grey Whistle Test* da BBC 2
27 de março	O Led Zeppelin e comitiva são presos na França, mas logo liberados
28 de março	Sai o LP *Houses Of The Holy*
29 e 31 de março	Os concertos em Lille e Marseille são cancelados devido aos problemas ocorridos nos shows em Lyon e Nancy
2 de abril	A turnê europeia conclui com a segunda das duas noites programadas no Palais Des Sports, em Paris
Abril	Ensaios no Old Street Film Studios e Shepperton Studios, em Londres
14 de abril	*Houses Of The Holy* chega ao topo da parada no Reino Unido
4 de maio	O Led Zeppelin começa a primeira parte de sua nona e gigantesca turnê norte-americana no Atlanta Stadium, estabelecendo um recorde na Georgia atraindo uma multidão por volta de 49.200 fãs
5 de maio	O segundo show da turnê, no Tampa Stadium, na Flórida, atrai um público de cerca de 56.800 pessoas, quebrando o recorde dos Beatles para uma única apresentação, no Shea Stadium, em 1965
12 de maio	*Houses Of The Holy* figura no 1º lugar na parada de álbuns da *Billboard* nos EUA, tomando o lugar de *Aloha From Hawaii Via Satellite*, de Elvis Presley
14 de maio	Jones improvisa com executivos da Atlantic Records, Phil Carson e Jerry Greenberg, no Cosimo"s Studios, em Nova Orleans
23 de maio	Sai a notícia que o Led Zeppelin foi ameaçado sob a mira de uma arma pelo dono de um rancho onde eles estavam hospedados, no Texas

24 de maio	Edição de "Over The Hills and Far Away" / "Dancing Days" em compacto nos EUA
28 de maio	Page torce um dedo numa cerca de arame, no aeroporto San Diego
31 de maio	Bonham celebra seu 25° aniversário com uma apresentação no LA Forum. Mais tarde, Bonham joga George Harrison e sua esposa Pattie numa piscina
2 de junho	Page e Plant são entrevistados para *Radio One* em San Francisco. O Led Zeppelin é a atração principal de um festival no Kezar Stadium, que também apresentou Roy Harper, The Tubes e Lee Michaels. Depois do show, Bonham esfria o empresário Bill Graham com água
3 de junho	A primeira parte da turnê norte-americana termina no Forum, em Los Angeles
	Durante um intervalo em junho, Plant compra uma fazenda na costa do País de Gales, enquanto isso, Page supera o lance de David Bowie e adquire a "Tower House", mansão do ator Richard Harris
6 de julho	O Led Zeppelin inicia a segunda parte de uma turnê de verão em Chicago. Durante o tempo em que os músicos descansaram, o gerente da turnê, Richard Cole, assegurou o uso do jato particular de luxo "The Starship"
18 de julho	A apresentação em Vancouver é encurtada quando Plant passa mal; alegadamente, ele consumiu um alimento com alguma coisa estranha dentro, durante o solo de Bonham em "Moby Dick"
23 de julho	Joe Massot e sua equipe de filmagem começaram a filmar cenas da banda em sua apresentação em Baltimore
27 de julho	A primeira das três noites consecutivas no Madison Square Garden, que encerram a turnê norte-americana. Segundo foi divulgado, a banda recebeu mais de 400 mil dólares pelos shows, que foram filmados para *The Song Remains The Same*
29 de julho	Na noite final da turnê, foram roubados 203 mil dólares que a banda havia depositado na caixa de segurança do Drake Hotel, em Nova York. Na manhã seguinte, Peter Grant é preso por ter agredido um fotógrafo no hotel
Agosto	O Led Zeppelin retorna para a Inglaterra. Plant sai em férias para Marrocos
11 de agosto	É oferecida uma recompensa de 10 mil dólares pelo retorno do dinheiro roubado em Nova York
17 de setembro	Sai nos EUA o compacto com "D"yer Mak"er" / "The Crunge"
29 de setembro	Na premiação anual da Melody Maker, Plant é premiado na categoria "Top Male Singer", em Londres
Outubro	Joe Massot começa a filmar sequências individuais para o filme *The Song Remains The Same*
Outubro / Dezembro	Jones produz o LP de Madeline Bell, *Comin" Atcha* no Morgan Studios, em Londres, e no Dormouse Studios, em Sussex
Novembro	Sessões de gravação para o próximo álbum em Headley Grange, também ocorrem as gravações de Page para o filme *Lucifer Rising*, de Kenneth Anger, provavelmente feitas em Boleskin House, antiga residência de Alistair Crowley
3 de dezembro	Page toca com Roy Harper no Royal Albert Hall, em Londres
6 de dezembro	Jones se apresenta com Madeline Bell no programa *Colour My Soul* da BBC TV
12 de dezembro	Tendo recentemente produzido o LP de Madeline Bell, *Comin" Atcha*, Jones toca contrabaixo com a cantora na BBC TV. Ele estava pensando em deixar o Led Zeppelin na época, por causa da programação punitiva de turnês
29 de dezembro	"D"yer Mak"er" / "The Crunge" chega ao 20° lugar nos EUA
	1974
Janeiro	São retomadas as gravações em Headley Grange. Peter Grant negocia um novo acordo com a Atlantic, anunciando que futuras edições do Led Zeppelin sairão em seu próprio selo
1° de fevereiro	Jones é entrevistado para a rádio BBC
14 de fevereiro	Page toca com Roy Harper, Keith Moon, Ronnie Lane e Max Middleton como The Intergalactic Elephant Band, no Rainbow Theatre de Londres. Bonham toca guitarra na última música, enquanto Plant fecha o espetáculo como MC
Abril	Bonham aparece na comédia musical *Son of Dracula*, de Harry Nilsson
Maio	O Led Zeppelin e Peter Grant lançam seu selo de discos Swan Song, contratando Maggie Bell e Bad Company, e abrindo escritórios em Londres e Nova York. O lançamento é celebrado com festas em Nova York e Los Angeles
11 de maio	Quando estavam em LA, Page, Plant e Bonham assistem a Elvis se apresentar no Forum. Ele reconhece-os durante a apresentação, e mais tarde todos se encontram no hotel onde Elvis estava hospedado
15 de junho	O LP de estreia e homônimo do Bad Company se torna o primeiro disco editado pela Swan Song
Agosto	Mais sequências são filmadas para *The Song Remains The Same* no Shepperton Studios, em Londres. Peter Clifton é agora o diretor do filme no lugar de Massot
31 de agosto	Jones se junta a Dave Gilmour do Pink Floyd e mais Roy Harper para um show no Hyde Park de Londres
1° de setembro	Page toca com o Bad Company ao vivo em Austin, Texas
14 de setembro	Page e Bonham tocam com Crosby, Stills, Nash & Young em um improviso, depois de uma festa realizada no Quaglinos Restaurant, em Londres
24 de setembro	Page volta a tocar com o Bad Company no palco, desta vez no Central Park, em Nova York
Outubro	A última mixagem de *Physical Graffiti* é feita no Olympic Sound Studios, em Londres
15 de outubro	Page grava "Scarlet" no Island Studios, com Keith Richards, Ron Wood e outros. A canção nunca foi editada
31 de outubro	Uma festa de luxo é feita no Chislehurst Caves, em Kent, para celebrar a edição de *Silk Torpedo*, LP dos Pretty Things, primeiro lançamento da Swan Song no Reino Unido
26 de novembro	Ensaios no Livewire Theatre, em Londres
19 de dezembro	Jones e Page tocam com o Bad Company no palco do Rainbow Theatre, em Londres
	1975
	Nasce Zoe, a filha de John e Pat Bonham
11 de janeiro	O Led Zeppelin faz um show para esquentar em Rotterdam, Holanda, sua primeira apresentação ao vivo desde julho de 1973 no Madison Square Garden
12 de janeiro	Mais uma apresentação para esquentar, desta vez em Bruxelas, Bélgica. Plant é entrevistado por Bob Harris da BBC, antes do show
13 de janeiro	Page prende o dedo na porta de um trem na estação Victoria, em Londres
17 de janeiro	Tendo chegado nos EUA, a programação é revista por causa da lesão de Page. No Reino Unido, Plant é entrevistado para o programa de rádio *The Old Grey Whistle Test*
18 de janeiro	A décima turnê norte-americana do Led Zeppelin começa no Met Centre, em Minneapolis
20 de janeiro	Plant começa a sofrer com uma gripe que afeta bastante sua voz na primeira parte da turnê
3 de fevereiro	Melhorando o dedo de Page, "Dazed and Confused" retorna ao programa no Madison Square Garden, em Nova York. O escritor William S. Burroughs comparece; no final do show, ele e Page são entrevistados em dupla pela revista *Crawdaddy*
4 de fevereiro	O show programado para Boston é substituído por uma apresentação extra em Uniondale, Nova York, depois de os fãs saquearem o Boston Garden antes do show
6 de fevereiro	Bonham é apresentado como "Karen Carpenter" no show do Zeppelin em Montreal; a brincadeira veio do fato de a revista *Playboy* ter votado nela como a Melhor Baterista de Rock de 1975
8 de fevereiro	Alegadamente, Plant acertou um guarda de segurança com o pedestal de seu mifrofone durante uma apresentação no Spectrum, na Filadélfia
13 de fevereiro	Ronnie Wood toca com o Led Zeppelin no palco no Nassau Coliseum, em Uniondale, Nova York
16 de fevereiro	A primeira parte da turnê chega ao final com um show reprogramado no Missouri Arena, St. Louis. Page e Plant vão descansar em Dominica
21 de fevereiro	Pré-estreia de "Houses Of The Holy" e "Trampled Underfoot" no programa de rádio *The Old Grey Whistle Test*

22 de fevereiro	Alan Freeman toca pela primeira vez "Custard Pie", "Down By The Seaside", "Night Flight", "The Wanton Song" e "Sick Again" em seu programa *Rock Show Radio One*
24 de fevereiro	É editado o LP duplo *Physical Graffiti*. O álbum entra na parada da *Billboard* no posto 3
27 de fevereiro	A turnê é retomada em Houston, Texas
Março	O Led Zeppelin encontra Bob Dylan em LA; Maggie Bell lança o LP *Suicide Sal*, com contribuições de Page e Bonham
8 de março	O show na Flórida é cancelado
10 de março	Richard Cole leva Jones para conhecer Elvis
15 de março	*Physical Graffiti* no 1º lugar no Reino Unido. Ingressos para os próximos shows no Earls Court se esgotam em quatro horas
19 de março	Plant é entrevistado numa rádio em Vancouver
22 de março	*Physical Graffiti* chega ao topo das paradas americanas, onde permanece por seis semanas
27 de março	A turnê norte-americana finda com o último dos três shos no LA Forum. O espetáculo dura quase três horas e meia, e inclui uma versão de "Dazed and Confused" de 46 minutos
29 de março	O Led Zeppelin faz história, ao colocar todos os seus seis álbuns simultaneamente na parada de álbuns da *Billboard*
2 de abril	Sai o compacto americano com "Trampled Under Foot" / "Black Country Woman"
abril	Page, Plant e Grant visitam Nova York a negócios. Page faz algumas mixagens de *The Song Remains The Same* no Electric Lady Studios. Plant é entrevistado por Wolfman Jack para o programa de TV *Midnight Special*
19 de abril	Duas datas são acrescentadas à série de shows no Earls Court
Abril / Maio	Testes de iluminação e ensaios no Earls Court
10 de maio	Edição limitada de 5 mil cópias de "Trampled Under Foot" / "Black Country Woman" é fabricada no Reino Unido, mas não é distribuída
17 de maio	É realizado o primeiro dos cinco shows no Earls Court Arena, em Londres. "Trampled Under Foot" / "Black Country Woman" chega ao 38º lugar nos EUA
25 de maio	Apresentação final no Earls Court Arena. Durante a temporada, cerca de 85 mil fãs compareceram aos shows
Maio / Julho	Robert e Maureen Plant saem em férias para Marrocos, onde encontrarão Page, em junho, antes de se reunir com a banda em Montreux, na Suíça
Junho	A entrevista de Page com William S. Burroughs é impressa na revista *Crawdaddy*
Agosto	Robert, Maureen e seus filhos estão em férias em Rhodes, Grécia, com Page, Charlotte Martin e sua filha Scarlet
3 de agosto	Page segue para a Sicília para visitar uma propriedade que certa vez pertenceu a Alistair Crowley
4 de agosto	Plant e sua família ficam seriamente feridos em um desastre de carro em Rhodes. Richard Cole aluga um avião para levá-los de volta à Inglaterra para tratamento; por ser exilado por causa dos impostos, Plant tem de ir para Jersey para a recuperação
Setembro	Com os planos da turnê cancelados, Plant muda para Malibu, onde se reúne com Page
27 de setembro	Page e Bonham recebem uma quantidade de prêmios inédita da Melody Maker, em Londres — sete primeiros lugares, incluindo Banda Internacional do Ano, Show Ao Vivo Internacional do Ano e Melhor Álbum para *Physical Graffiti*
Outubro	O Led Zeppelin ensaia e grava no SIR Studios, em Los Angeles. Plant ainda está em cadeira de rodas
9 a 27 de novembro	O Led Zeppelin grava e mixa seu sétimo álbum, *Presence*, no Musicland Studios, em Munique, Alemanha
10 de dezembro	Os músicos do Led Zeppelin tocam com o ex-pianista dos Tornados, Norman Hale, no Behan"s, em Jersey

1976

Janeiro	O Led Zeppelin segue para Nova York, onde seu filme *The Song Remains The Same* está sendo finalizado. Bonham interrompe um show do Deep Purple para anunciar o próximo álbum do Led Zeppelin e para insultar o guitarrista Tommy Bolin
Fevereiro	O Led Zeppelin vence oito categorias de prêmios na enquete com leitores da *NME*, incluindo Melhor Grupo Vocal, Melhor Cantor, Melhor Baterista e Melhor Guitarrista, assim como Melhor Produtor para Jimmy Page
Março	Page é intrevistado para o *Rock Show Radio One*, de Alan Freeman
31 de março	O 7º álbum *Presence* é editado nos EUA, onde o LP imediatamente obtém o status de disco de platina, se tornando o primeiro álbum a atingir 1 milhão de cópias, somente em vendas antecipadas
3 de abril	Alan Freeman toca *Presence* inteiro em *Radio One*
5 de abril	Edição de *Presence* no Reino Unido. Na Grã-Bretanha o álbum atinge o status de disco de ouro no dia de sua edição
6 de abril	Bob Harris apresenta "Achilles Last Stand" no *The Old Grey Whistle Test*
24 de abril	*Presence* vai para o 1º lugar na parada de álbuns do Reino Unido.
23 de maio	Page e Plant reúnem-se com o Bad Company no palco no LA Forum. Bonham comparece, mas não toca devido a uma lesão na mão
26 de maio	Page e Plant, segundo declarações, insultaram o ator Telly Savalas no seu voo de volta à Inglaterra
27 de maio	Jones se reúne com os Pretty Things no palco do Marquee, em Londres
18 de junho	Edição de "Candy Store Rock" / "Royal Orleans" em compacto nos EUA. Chega ao 50º posto
19 de junho	Plant comparece ao The West Coast Rock Show, no Ninian Park, em Cardiff, onde as atrações incluem Bob Marley, Eric Burdon, Country Joe & The Fish, Gloria Jones e The Pretty Things
Julho	Dave Edmunds assina com a Swan Song
Agosto	Sessões de mixagem para *The Song Remains The Same* no Trident Studios, em Londres
Setembro	Kenneth Anger despede Page do projeto *Lucifer Rising*, depois de o guitarrista e produtor ter entregue somente pouco mais de 20 minutos de música como resultado de três anos de trabalho
12 de setembro	Page e Bonham gravam uma trilha de bateria no Mountain Studios, em Montreux, Suíça, que anos depois apareceria em *Coda*
28 de setembro	A trilha de *The Song Remains The Same é* editada nos EUA na forma de um LP duplo
5 de outubro	*The Old Grey Whistle Test* apresenta um clipe exclusivo de "Black Dog" de *The Song Remains The Same*
9 de outubro	Ingressos são postos à venda em Londres para a exibição do filme do Led Zeppelin
16 de outubro	Alan Freeman mostra "No Quarter" e "Whole Lotta Love" da trilha de *The Song Remains The Same*, que sairia em seguida, no seu *Radio One Rock Show*
20 de outubro	Première mundial do filme do Led Zeppelin, *The Song Remains The Same* em Nova York. A Showco em Dallas fornece um sistema de equipamento quadrifônico para o evento
22 de outubro	O LP *The Song Remains The Same* recebe sua edição no Reino Unido. O filme também tem sua première na Costa Oeste em Los Angeles
23 de outubro	Trechos de *The Song Remains The Same* são mostrados no programa de TV de Don Kirshner
2 de novembro	Plant e Peter Grant são intrevistados no *The Old Grey Whistle Test*
3 de novembro	A trilha de *The Song Remains The Same* torna-se disco de ouro no Reino Unido. Vai para o topo da parada de álbuns em dez dias, enquanto chegará ao segundo lugar nos EUA
4 de novembro	*The Song Remains The Same* recebe sua première europeia em dois cinemas de Londres. Será exibido nacionalmente três dias depois
Novembro / Dezembro	O Led Zeppelin começa os preparativos para a próxima turnê americana, ensaiando arranjos ao vivo de "Achilles Last Stand" no EEZE Hire Studios, em Londres

1977

Janeiro	Mais ensaios no Manticore Studio, de Emerson, Lake and Palmer, em Londres
13 de janeiro	Page e Plant assistem à apresentação do The Damned em Londres. Bonham acompanha Plant para um show do Damned quatro dias depois
5 de fevereiro	O Led Zeppelin anuncia planos para uma turnê mundial, a se iniciar nos EUA antes do fim do mês
1º de abril	Originalmente planejado para começar em Fort Worth, a 11ª turnê norte-americana do Led Zeppelin inicia atrasada em Dallas, Texas, com Plant se recobrando de uma laringite
9 de abril	O terceiro show consecutivo no Chicago Stadium é suspenso na metade e reprogramado para a noite seguinte, depois de Page desmaiar, supostamente por intoxicação alimentar
10 de abril	Page sobe no palco em Chicago com uniforme nazista
19 de abril	Cerca de 70 fãs são presos depois de tentarem invadir o show no Riverfront Coliseum, em Cincinnati
20 de abril	Um rapaz sofre uma queda no estádio onde a banda apresentava o segundo show em Cincinnati. Mais tarde, ele morrerá no hospital
25 de abril	O Led Zeppelin abandona temporariamente o palco em Kentucky depois de uma garrafa atirada pelo público atingir a guitarra de Page
30 de abril	A primeira parte da turnê encerra diante de um público recorde de 76.229 fãs no Pontiac Silverdome, em Michigan
Maio	A banda retorna para a Inglaterra, Page vai visitar o Egito
12 de maio	Em um almoço do prêmio Ivor Novello, em Londres, o Led Zeppelin é homenageado por sua contribuição musical
18 de maio	A turnê norte-americana é retomada em Birmingham, Alabama
21 de maio	São feitas várias prisões por causa do vandalismo promovido pelos fãs depois do show em Houston
22 de maio	Mick Ralphs do Bad Company se reúne à banda no palco para o bis em Fort Worth, Texas
3 de junho	O show no Tampa Stadium é cancelado por causa da chuva, o que gera um grande tumulto
7 de junho	A primeira das seis noites seguidas programadas no Madison Square Garden, em Nova York
9 de junho	Page é intrevistado por uma rádio de Nova York
27 de junho	A segunda parte da turnê termina na última das seis *performances* no LA Forum. Quatro dias antes, Keith Moon havia se juntado à banda no palco naquele local
28 de junho	O Led Zeppelin retorna ao Reino Unido para mais um descanso
17 de julho	A terceira e última parte da turnê norte-americana de 1977 começa em Seattle

23 de julho	John Bonham, Peter Grant, Richard Cole e (o guarda de segurança) John Bindon se envolvem em uma briga nos bastidores com membros da equipe de Bill Graham, no Oakland Coliseum
24 de julho	O segundo show no Oakland Coliseum segue conforme planejado, mas no dia seguinte, Bonham, Grant, Cole e Bindon são acusados de agressão
26 de julho	Plant, Bonham e Cole viajam, para Nova Orleans, onde Plant ficaria sabendo da morte repentina de seu filho, Karac, na Inglaterra. Os shows que restam da turnê são cancelados imediatamente e os três retornam para a Inglaterra
14 de agosto	Page e Ron Wood juntam-se numa *jam session* para a caridade no Half Moon, em Plumpton
Setembro	Correm rumores de uma separação do Led Zeppelin. Bonham fratura três costelas em um acidente de carro perto de sua casa
8 de setembro	Page participa de uma *jam session* com Phil Carson, Bill Kinsley e Carl Simmons na conferência anual de vendas da Warner Elektra Atlantic no Metropole Hotel, em Brighton
23 de outubro	Page vai no programa de Nicky Horne, *Capitol Radio*, onde ele tenta desfazer os boatos da separação
	1978
Fevereiro	Plant grava os *backing vocals* e produz uma sessão com a banda punk Dansette Damage no Old Smithy Studios, em Kempsey, Worcestershire. Ele é creditado como The Wolverhampton Wanderer e "Tio Bob"
16 de fevereiro	As acusações de agressão contra Bonham, Grant, Cole e Bindon são ouvidas na Califórnia. Tudo resulta em multas e as sentenças são suspensas
Maio	O Led Zeppelin se isola no Clearwell Castle, em Forest of Dean, Gloucestershire, com o intuito de ensaiar, gravar e também discutir o futuro da banda
Junho	Plant aparece como convidado em um programa de TV infantil chamado *Tiswas*, junto com o baterista do Rainbow, Cozy Powell
Julho	Plant se reúne com a banda local Melvin"s Marauders no palco do Wolverly Memorial Hall, em Kidderminster
Agosto	Plant aparece no palco com Phil Carson e Dr Feelgood no Club Amnesia, em San Raphael, Ibiza
15 de setembro	Page, Plant e Jones assistem à recepção de casamento de Simon Kirke, em Londres
16 de setembro	Plant reúne-se com Dave Edmunds no palco no Town Hall, em Birmingham
3 de outubro	Bonham e Jones se juntam a Paul McCartney e Wings na sessão para a Rockestra em Abbey Road, a qual inclui Dave Gilmour, Hank Marvin, Kenny Jones, Ronnie Lane, Gary Brooker, Tony Ashton e Pete Townshend
Outubro	O Led Zeppelin retorna ao EZEE Hire Studios, em Londres, para ensaios
1º de novembro	Plant e Jones assistem a uma reunião de rock no Golden Lion, em Fulham, Londres
6 de novembro	O Led Zeppelin segue para o Polar Studios do ABBA, em Estocolmo, Suécia, para começar a trabalhar no novo álbum
24 de novembro	Bonham faz uma apresentação com uma banda local no Stourport Civic Hall
Dezembro	As gravações iniciais são completadas antes do Natal. Page trabalha na mixagem de algumas faixas no estúdio que tem em casa, em Plumpton
	1979
21 de janeiro	Nasce Logan, filho de Robert e Maureen
Fevereiro	São realizadas sessões de mixagem no Polar Studios, em Estocolmo
26 de março	Plant se reúne ao Bad Company no palco do Odeon Theatre, em Birmingham
3 de abril	Page, Plant e Bonham se juntam ao Bad Company no palco do Odeon Theatre, em Birmingham
Maio	Circulam notas na imprensa dizendo que o Led Zeppelin logo retornará aos palcos
8 de maio	Plant e Jones comparecem na festa de casamento de Dave Edmunds
16 de maio	Plant aparece com Melvin"s Marauders no Stourbridge Wine Bar, em West Midlands
17 de maio	Page é convidado de honra na reinauguração do Harrow Harbour, em Caithness, Escócia
22 de maio	O Led Zeppelin anuncia que vai participar como atração principal em um show ao ar livre em Knebworth Park, Hertfordshire
3 de junho	Os ingressos para 9 de junho em Knebworth são colocados à venda; a BBC Radio One põe no ar uma entrevista com Robert Plant conduzida nos bastidores de uma apresentação de Dave Edmunds
26 de junho	O Led Zeppelin assiste a um show do Rockpile em Hammersmith
4 de julho	A banda começa os ensaios no Bray Studios, Berkshire, onde novos efeitos de iluminação são testados e é feito um vídeo. É anunciada uma segunda data em Knebworth, devido à grande demanda pelos ingressos
19 de julho	O programa para Knebworth está confirmado
23 e 24 de julho	Dois shows para esquentar são feitos no Falkoner Theatre, em Copenhague, Dinamarca. "Hot Dog" e "In The Evening" são tocadas pela primeira vez ao vivo
3 de agosto	Passagem de som do Led Zeppelin em Knebworth
4 de agosto	Primeiro show do Led Zeppelin no Knebworth Festival. Também se apresentam, entre outros, Fairport Convention, Chas & Dave, Commander Cody, Southside Johnny & The Asbury Jukes e Todd Rundgren"s Utopia
11 de agosto	Segundo show em Knebworth. New Barbarians, com Keith Richards e Ron Wood, tocam no lugar do Fairport Convention. Esta será a última apresentação do Led Zeppelin no Reino Unido
15 de agosto	É editado o 8º álbum de estúdio, *In Through The Out Door*. Irá parar no topo das paradas nos dois lados do Atlântico em apenas uma semana
27 de outubro	O catálogo completo do Led Zeppelin, com nove títulos, pode ser visto listado no Top 200 da *Billboard* numa mesma semana, um feito nunca igualado por qualquer outra banda ou artista individual
28 de novembro	Plant, Jones, Bonham e Peter Grant assistem ao *Melody Maker Awards* no Waldorf Hotel, em Londres, onde recebem vários prêmios, incluindo Melhor Grupo, Melhor Vocalista Masculino e Melhor Álbum
2 de dezembro	Page assiste aos shows de Paul McCartney & Wings em Brighton. Paul, Linda e Denny Laine se hospedam na casa de Page, em Plumpton
7 de dezembro	"Fool In The Rain" / "Hot Dog" são editadas em compacto nos EUA
29 de dezembro	Plant, Jones e Bonham participam do *Concert For The People Of Kampuchea*, no Hammersmith Odeon, em Londres. Plant aparece com Dave Edmund"s Rockpile, enquanto Jones e Bonham se reúnem num grupo *all-star*, tocando "Rockestra Theme", "Let It Be" e "Lucille"
	1980
16 de janeiro	"Fool In The Rain" / "Hot Dog" alcança o posto 21º nos EUA. A K-Tel e a Swan Song editam a compilação *The Summit*, em Londres, com renda revertida para a caridade. Plant comparece à recepção, junto de Eric Clapton e Phil Lynott
3 de fevereiro	Plant se junta ao Rockpile, de Dave Edmunds, no palco, no Top Rank Ballroom, em Birmingham
4 de março	Bonham é filmado numa entrevista com Billy Connolly para o programa *Alrigh Now* Tyne Tees show
27 de abril	O Led Zeppelin começa os ensaios no Rainbow Theatre, em Londres
5 de maio	Os ensaios continuam no New Victoria Theatre, em Londres
11 de maio	As datas da turnê europeia são confirmadas para Alemanha, Bélgica, Holanda, Áustria e Suíça
18 de maio	Os ensaios são transferidos para Shepperton Studios e concluídos em 6 de Junho
17 de junho	O Led Zeppelin lança sua turnê em Dortmund, Alemanha. Será a última feita pelo grupo
27 de junho	O show em Nuremberg é suspenso após tocarem três canções, porque Bonham está aparentemente sofrendo com intoxicação alimentar
30 de junho	Phil Carson une-se ao Led Zeppelin no palco para um bis em Frankfurt
1º de julho	Page toca uma versão de "Shake Your Money Maker" com Santana, em Frankfurt, Alemanha

5 de julho	Simon Kirke do Bad Company toca com o Led Zeppelin no palco, fechando o show em Munique
7 de julho	O Led Zeppelin encerra a turnê europeia com um show em Berlim. Foi a última apresentação com a formação original, Robert Plant, Jimmy Page, John Paul Jones e John Bonham
Agosto	Plant, Jones e Bonham tiram férias. Page vai morar em Windsor, tendo comprado a Old Mill House do ator Michael Caine
11 de setembro	Peter Grant anuncia planos para uma extensa turnê norte-americana, programada para começar em 17 de outubro, indo até 15 de novembro
21 de setembro	As bilheterias americanas reportam uma demanda por ingressos sem precedentes
24 de setembro	Os ensaios são feitos no Bray Studios, em Berkshire, depois o grupo segue para a residência de Page, em Windsor
25 de setembro	Tendo bebido muito na noite anterior, John Bonham é encontrado inconsciente em um quarto da casa de Page, por Jones e Benji Lefevre. Foi chamada uma ambulância para revivê-lo, mas os esforços foram inúteis, e ele é declarado morto no local
26 de setembro	A polícia declara que não há circunstâncias suspeitas em relação à morte de Bonham
27 de setembro	Os planos para a turnê norte-americana são cancelados, enquanto tributos surgem em todas as partes do globo
7 de outubro	Seguindo um inquérito, a morte de Bonham é considerada um acidente
10 de outubro	O funeral de John Bonham acontece em Rushock, Worcestershire
18 de outubro	Circulam rumores na imprensa de que haverá uma possível substituição de Bonham
7 de novembro	Page, Plant e Jones se reúnem em Jersey para discutirem o futuro da banda
4 de dezembro	O Led Zeppelin anuncia que o grupo está terminado, devido à morte de Bonham
	1981
	Jones inaugura um estúdio de gravação em Devon
10 de março	Page toca com Jeff Beck no palco no Hammersmith Odeon
Março / Julho	Plant apresenta uma série de shows curtos pelo Reino Unido, acompanhado pelos Honeydrippers
Abril	Page forma o XYZ com Chris Squire e Alan White, porém, problemas com o gerenciamento e a relutância de Plant em se envolver fazem com que o projeto seja rapidamente arquivado
Agosto	Plant começa a gravar material solo no Rockfield Studios em Gales, com Phil Collins e Cozy Powell na bateria
Setembro	Page escreve e grava a trilha sonora para o filme *Death Wish II* no estúdio que tem em casa
15 de dezembro	Page, Plant, Jones e Peter Grant comparecem a um bingo beneficente no Golden Lion, em Fulham, Londres
30 de dezembro	Plant se apresenta em Dudley, com o filho de John, Jason Bonham, na bateria
	1982
	Jones começa a ensinar composição no Dartington College of Arts, em Devon
Março	Page começa a trabalhar num LP que compila faixas de estúdio inéditas, que cobrem toda a carreira do Led Zeppelin
12 de maio	Page e Plant se unem ao Foreigner no palco, em Munique
28 de junho	Lançamento do primeiro álbum solo de Plant, *Pictures at Eleven*. Rapidamente, o LP chega no 2º posto na parada do Reino Unido e vai atingir o Top 5 nos EUA
21 de julho	Plant comparece no evento de caridade Prince"s Trust realizado no Dominion Theatre, em Londres. Outros convidados incluem Pete Townshend, Jethro Tull, Kate Bush, Phil Collins e Madness
Setembro	Editado o compacto solo de Plant "Burning Down One Side"
Outubro	Page recebe a quitação da condicional por porte de cocaína
Novembro	Jones filma uma sequência para *Give My Regards to Broad Street* de Paul McCartney
19 de novembro	Editado o 10º álbum do Led Zeppelin, *Coda*
13 de dezembro	Page se une a Plant no palco no Hammersmith Odeon, em Londres
	1983
24 de maio	Page se une a Eric Clapton no palco in Guildford, Surrey
11 de julho	Plant edita seu 2º álbum solo, *The Principle of Moments*. Ele vai atingir o Top 10 nos dois lados do Atlântico, enquanto o compacto "Big Log" chegará no Top 10 do Reino Unido
Agosto	Robert e Maureen Plant se divorciam
20 de agosto	Plant embarca em sua primeira turnê solo, em St. Louis, Missouri, concluindo a excursão em Seattle, em 30 de setembro
20 e 21 de setembro	Page canta "Stairway to Heaven" como parte de um concerto *all-star* para o ARMS (Action Research Into Multiple Sclerosis), no Royal Albert Hall, em Londres
Outubro	O selo Swan Song é encerrado
22 de novembro	Plant lança sua turnê pelo Reino Unido, em Glasgow
28 de novembro a 9 de dezembro	Page toca em Dallas, San Francisco, Los Angeles e Nova York, pois os concertos do ARMS continuaram nos EUA
4 de dezembro	Jones une-se a Plant no palco em Bristol

13 de dezembro	Page une-se a Plant no palco no Hammersmith Odeon, em Londres
24 de dezembro	Jason Bonham une-se a Plant no palco em Birmingham, para o último dos shows de sua turnê solo

1984

22 de janeiro a 25 de Fevereiro	Plant excursiona pela Austrália, Nova Zelândia e Japão
15 de fevereiro	Page improvisa com Eric Clapton, Charlie Watts, John Entwistle e Louis Bertignac em Nova York, celebrando o aniversário do engenheiro de som Glyn Johns
29 de fevereiro	A turnê de Plant termina em Kowloon, Hong Kong. Phil Carson sobe no palco para tocar contrabaixo
24 de junho	Page toca no palco com o Yes em Dortmund, Alemanha
28 de julho	Page e Roy Harper se apresentam juntos no Cambridge Folk Festival
Agosto	Page forma The Firm com Paul Rodgers, Tony Franklin e Chris Slade
Setembro	Jones grava a trilha sonora do filme *Scream For Help*, de Michael Winner; Page toca em duas faixas
12 de novembro	Plant edita o EP *The Honeydrippers Vol. One*. Tocam no disco Cozy Powell, Phil Collins, Page e Jeff Beck, e o disco vai atingir o Top 5 nos EUA
16 de novembro	Page e Roy Harper são o destaque em *The Old Grey Whistle Test*
29 de novembro	The Firm inicia uma escursão pela Europa em Estocolmo, Suécia
8 e 9 de dezembro	The Firm toca as duas noites no Hammersmith Odeon
15 de dezembro	Plant e The Honeydrippers aparecem no *Saturday Night Live*. "Sea of Love", compacto tirado do EP, atinge a posição nº 3 nos EUA

1985

Janeiro	Plant edita "Sea of Love" no Reino Unido
18 de janeiro	Plant e The Honeydrippers tocam em um único espetáculo no Monmouth, em Gales, com o nome The Skinnydippers
11 de fevereiro	The Firm edita seu primeiro LP, homônimo
28 de fevereiro a 9 de maio	The Firm embarca numa turnê americana
4 de março	Page e Roy Harper editam o álbum *Whatever Happened to Jugula*
22 de março	A trilha sonora de *Scream For Help* com John Paul Jones é editada, com colaborações de Page. Plant edita o compacto "Pink and Black"
18 de maio	The Firm começa uma série de shows no Reino Unido
20 de maio	Plant lança seu terceiro LP solo, *Shaken"n" Stirred*
10 de junho	Plant começa a turnê norte-americana
13 de julho	O Led Zeppelin reúne-se para o concerto do Live Aid USA, na Filadélfia, com Phil Collins e Tony Thompson na bateria
23 de julho	Page une-se a Plant no palco em New Jersey
5 de agosto	A turnê norte-americana de Plant termina em Nova York
19 de agosto	Plant edita o compacto "Little By Little"
10 de setembro	Plant toca no Wembley Arena

1986

	Page se casa com Patricia Ecker
	Jones produz o 14° álbum de estúdio de Ben E. King, *Save The Last Dance For Me*
Janeiro	Page, Plant e Jones reúnem-se para gravar e ensaiar em Bath, com Tony Thompson na bateria
3 de fevereiro	O segundo álbum do The Firm, *Mean Business*, é editado nos EUA
14 de março a 28 de maio	The Firm faz sua segunda turnê americana
Março	Plant apresenta uma série de shows com The Big Town Playboys
24 de março	*Mean Business* é editado no Reino Unido
4 de julho	Page aparece no palco com os Beach Boys em Washington
9 de agosto	Plant aparece no palco com Fairport Convention no Cropredy Festival, em Oxfordshire
9 de novembro	Page se junta ao Iron Maiden, Brian May e Bad News para um show beneficente em Londres
19 de dezembro	Page toca com Plant no palco para um show beneficente no Stourport Civic Centre

1987

Janeiro	Page começa a trabalhar no LP solo *Outrider* no seu estúdio. Jason Bonham toca bateria, enquanto Plant participa de "The Only One"
2 de março	Jones toca com Ben E. King no palco do London Palladium
Julho	Jones produz o LP *Children* gravado por The Mission
Setembro	Plant começa a gravar um novo álbum solo, *Now and Zen*. Page toca em duas faixas
17 de dezembro	Plant se apresenta em Folkstone, Kent, com sua nova banda, anunciada como The Band of Joy
30 de dezembro	The Band of Joy toca no Stourbridge Town Hall

1988

	Plant comparece ao jantar do Silver Clef Award and Auction da Fundação Nordoff-Robbins Music Therapy, em Nova York, onde ele improvisa com Buckwheat Zydeco, Curt Smith e Neil Young
18 de janeiro	Plant edita o compacto "Heaven Knows", com Page na guitarra
Janeiro	Plant toca em três shows para esquentar, em Leicester, Southampton e Colchester
3 de fevereiro	Plant se apresenta no Marquee de Londres
29 de fevereiro	LP de Plant *Now and Zen* é editado. Vai chegar no Top 10 nos dois lados do Atlântico
16 de março	Plant inicia uma turnê pelo Reino Unido em Newport, no sul de Gales
27 de março	Jones toca com The Mission no palco do Astoria, em Londres
11 de abril	Plant lança o compacto "Tall Cool One", com participação de Jimmy Page. Vai alcançar o 25° lugar nos EUA
17 de abril	Na última noite da turnê de Plant no Reino Unido, ele recebe o apoio de Jimmy Page no Hammersmith Odeon. Eles tocam o bis que inclui músicas do Led Zeppelin, "Trampled Under Foot", "Misty Mountain Hop" e "Rock and Roll"
26 de abril	Nasce o filho de Page, James Patrick Page Jr.
Maio	Plant embarca numa extensa turnê norte-americana que vai até o final de julho. No programa há várias músicas do Led Zeppelin
14 de maio	O Led Zeppelin se reúne para tocar nas comemorações do 40° aniversário da Atlantic Records, no Madison Square Garden, em Nova York. Jason Bonham toca bateria
20 de Junho	Edição do álbum solo de Page, *Outrider*
23 de julho	Jones toca com Julie Felix em Fife, Escócia
Setembro	Page excursiona pelos EUA com Jason Bonham na bateria

1989

Novembro	Os membros remanescentes do Led Zeppelin tocam na celebração do 21° aniversário de Carmen Plant
23 de dezembro	Plant se apresenta em um show beneficente em Kidderminster, com a banda local Out Of The Blue

1990

Janeiro	Surgem rumores que o Led Zeppelin será reorganizado para uma turnê no verão
10 de Janeiro	Page toca com Bon Jovi no palco do Hammersmith Odeon
19 de março	Plant edita seu LP *Manic Nirvana*. Como seus discos solo anteriores, este irá atingir o Top 20 nos dois lados do Atlântico
28 de abril	Page, Plant e Jones apresentam músicas do Led Zeppelin com Jason Bonham, na festa de casamento de Jason, em Bewdley, Worcestershire
1º de maio a 7 de junho	Plant embarca numa turnê de dois meses por cidades britânicas e outras partes da Europa
30 de junho	Page e Plant se apresentam no concerto beneficente Silver Clef, em Knebworth
5 de julho	Plant lança outra turnê norte-americana longa, em Albany, Nova York
18 de agosto	Page improvisa com Aerosmith no festival Monsters of Rock, de Donnington. Dois dias depois fazem o mesmo no Marquee Club de Londres
15 de outubro	Lançamento da caixa *Remasters* no Reino Unido. Irá atingir o Top 10
29 de outubro	Lançamento do *Led Zeppelin (Boxed Set I)*
26 de novembro	A turnê norte-americana de Plant temina em Muskogee, Oklahoma
7 de dezembro	Plant se apresenta em Athens, Grécia
12 a 16 de dezembro	Plant faz uma série de shows pelo Reino Unido, passando por Newcastle, Manchester, Wolverhampton e Newport

1991

	Jones inaugura um estúdio de 32 canais perto de Bath

8 a 10 de janeiro	Plant faz três shows no Town & Country Club, em Londres
18 de janeiro	Jones se apresenta com o grupo vocal Red Byrd no Queen Elizabeth Hall, em Londres
23 e 25 de março	Page apresenta dois shows em Nova York
14 e 29 de maio	Page apresenta dois shows em Reno, Nevada
Outubro	Plant e Jason Bonham tocam com bandas locais, The Ripps e Billy & The Bowel Movements, em um concerto tributo em Kidderminster
Novembro e 7 de dezembro	Page apresenta dois shows em Vancouver, Canadá
	1992
	Jones toca no LP *Us* de Peter Gabriel, faz os arranjos para *Automatic For The People* do R.E.M. e produz *Independent Worm Saloon* dos Butthole Surfers
15 de janeiro	Page está presente na cerimônia que introduz The Yardbirds no Rock and Roll Hall of Fame. Na cerimônia ele toca com Jeff Beck e Eric Clapton
18 de novembro	O Led Zeppelin recebe o prêmio Merit Award da revista *Q*, no Park Lane Hotel, em Londres
	1993
15 de março	O LP de Page e David Coverdale *Coverdale-Page* é lançado. Vai atingir o 4° lugar no Reino Unido, e o 5° no Top 200 da *Billboard*
28 de abril	Plant apresenta "29 Palms" no *Top of the Pops* da BBC
1° de maio	Plant se apresenta em Roma, Itália. Dois dias depois, ele toca na estação de rádio RETE, em Milão
6 de maio	Plant se une ao Def Leppard no palco para um bis, na Dinamarca
14 e 20 de maio	Plant se apresenta no King"s Head, em Fulham
18 de maio	Plant grava em estúdio diante de uma plateia ao vivo para o programa de TV *Later...With Jules Holland*, da BBC
22 de maio	Plant é entrevistado pela rádio BBC
25 de maio	Plant edita seu álbum *Fate of Nations*. Vai atingir o 6° lugar no Reino Unido
26 de maio	Plant lança sua turnê europeia em Praga, Checoslováquia
5 de julho	Plant apresenta um show acústico para a Virgin Radio em Londres
16 de julho	A turnê de Plant termina na Brixton Academy, em Londres, onde ele é acompanhado no palco por Chris Robinson, do Black Crowes
2 de setembro	Jones apresenta "Are You Gonna Go My Way", com Lenny Kravitz, na MTV Video Music Awards, na Califórnia
15 de setembro a 1° de dezembro	Turnê de Plant pela América do Norte
21 de setembro	Lançamento do *Led Zeppelin Box Set*
24 de setembro	Lançamento da caixa *The Complete Studio Recordings*
5 a 23 de dezembro	Plant se apresenta em uma série de shows na Europa
	1994
	Page encontra Jimena Gomez-Paratcha, com quem irá fundar a ABC Trust, uma fundação de caridade para crianças de rua brasileiras. Logo passam a ter uma relação amorosa
Janeiro	Robert Plant apresenta uma série de shows na América do Sul e Central com o apoio do Aerosmith
17 de abril	Page e Plant se apresentam no Alexis Korner Memorial Concert em Buxton
Julho	Page e Plant começam os ensaios no CTS Studios, em Wembley
9 e 10 de agosto	Acompanhados por músicos locais, Page e Plant filmam *performances* de "Wah Wah", "City Don"t Cry" e "Yallah (The Truth Explodes)" em Marrocos, para seu especial da MTV
12 de agosto	Page e Plant são filmados interpretando "No Quarter" em Snowdonia, País de Gales
12 a 16 de agosto	Jones se apresenta com Heart em Seattle, indo depois produzir seu álbum ao vivo *The Road Home*
17 de agosto	Page e Plant são filmados interpretando "Gallows Pole", "Nobody"s Fault But Mine" e "When The Levee Breaks", em Machynlleth, País de Gales
25 e 26 de agosto	Page e Plant gravam sua sessão de estúdio "unplugged" em Londres, acompanhados por Michael Lee, Charlie Jones, Porl Thompson, Najma Akhtar, Jim Sutherland, Nigel Eaton, Ed Shermur, The Egyptian Ensemble e The London Symphony Orchestra
12 de outubro	MTV transmite o especial de 90 minutos *Unledded* com Page e Plant
14 de outubro	*No Quarter: Jimmy Page and Robert Plant Unledded* é editado em LP. Vai atingir o Top 10 nos dois lados do Atlântico
19 de outubro a 12 de dezembro	Jones excursiona pela Europa e América do Norte com Diamanda Galas, com que ele irá gravar o álbum *The Sporting Life*
11 de novembro	Page, Plant e The Egyptian Ensemble gravam uma apresentação para o programa da BBC *Later... With Jools Holland*
	1995
12 de janeiro	O Led Zeppelin é introduzido no Rock and Roll Hall of Fame no Waldorf-Astoria Hotel, em Nova York. A apresentação foi feita por Steven Tyler e Joe Perry do Aerosmith
16 de janeiro	Page e Patricia Ecker se divorciam
30 de janeiro	O Led Zeppelin é premiado como The Best International Artist no American Music Awards, em Los Angeles
4 de fevereiro	Page improvisa com The Black Crowes em Paris
26 de fevereiro a 27 de maio	Turnê norte-americana de Page e Plant
21 de março	*Encomium*, um tributo ao Led Zeppelin feito por vários artistas, é editado pela Atlantic
6 de junho a 9 de julho	Page e Plant fazem uma série de shows pela Europa
25 de junho	Page e Plant se apresentam no Glastonbury Festival
12 a 26 de julho	Page e Plant fazem uma turnê pela Grã-Bretanha e Irlanda
25 de julho	Peter Grant comparece à apresentação de Page e Plant na Wembley Arena
23 de setembro a 27 de outubro	Page e Plant excursionam pelo México, Canadá e USA
21 de novembro	Peter Grant sofre um ataque cardíaco fatal, enquanto dirigia para sua casa em Sussex, na companhia de seu filho Warren
4 de dezembro	Page, Plant e Jones estão entre os que comparecem no funeral de Peter Grant, em Hellingly, East Sussex
	1996
	Jones monta um estúdio em Londres, e começa a gravar seu primeiro álbum solo
20 a 27 de janeiro	Page e Plant tocam no Brasil, Chile e Argentina
5 a 29 de fevereiro	Page e Plant excursionam pelo Japão e Austrália
30 de novembro	O Led Zeppelin recebe um prêmio Lifetime Achievement no Channel V em Mumbai, Índia. Page e Plant comparecem com Roger Taylor do Queen
	1997
	Page e Plant começam a trabalhar em um novo LP
	A *Billboard* e a Record Industry Association of America (RIAA) anunciam que o Led Zeppelin é o segundo nome entre os astros que mais venderam discos em todos os tempos, com dez de seus álbuns recebendo o certificado de multiplatina
Janeiro	O Rock and Roll Hall of Fame introduz "Dazed and Confused", "Rock and Roll", "Stairway to Heaven" e "Whole Lotta Love" entre as 500 Canções Que Deram Forma ao Rock and Roll
29 de maio	O Led Zeppelin recebe o prêmio Lifetime Achievement na cerimônia de premiação Ivor Novello, levada no Grosvenor Hotel, em Londres
Junho	Nasce a filha de Page, Zophia-Jade
Setembro	"Whole Lotta Love" sai numa versão editada em CD single, se tornando o primeiro compacto do Led Zeppelin lançado oficialmente na Grã-Bretanha e a música vai chegar 21° lugar
17 de novembro	Sai *BBC Sessions* em CD duplo
7 de dezembro	Page e Plant se apresentam com Charlie Jones e Michael Lee em um evento beneficente no Café de Paris, de Londres
	1998
5 de março	Page e Plant são filmados em Londres para o programa *Later... With Jools Holland* da BBC
21 de abril	Page e Plant editam o álbum *Walking Into Clarksdale*, o qual teve a engenharia de Steve Albini. Ele irá chegar ao 3° lugar no Reino Unido e ao 8° lugar nos EUA
Maio	VH1 coloca o Led Zeppelin no 4° lugar na enquete "Os Maiores Artistas do Rock & Roll"

9 de maio	Page se apresenta com Puff Daddy no programa de TV *Saturday Night Live*, em Nova York e tocam "Come With Me"
19 de maio a 19 de julho	Page e Plant em turnê pela América do Norte
Agosto	Page e Plant fazem um punhado de apresentações pela Europa, incluindo o Reading Festival, na Inglaterra. O compacto de Puff Daddy "Come With Me", com participação de Jimmy Page, entra nas paradas. Chegará ao 1º e 2º lugares nos EUA e Reino Unido, respectivamente
5 de setembro a 2 de outubro	Page e Plant excursionam pela América do Norte
30 de outubro a 3 de dezembro	Page e Plant se apresentam na Grã-Bretanha e Europa
10 de dezembro	Page e Plant se apresentam no Amnesty International Concert, em Paris

1999

	De acordo com o RIAA, o Led Zeppelin se tornou o terceiro nome da história a ter quatro ou mais álbuns de diamante
Janeiro	Nasce Asher Josan, filho de Jimmy Page
Fevereiro	Page e Plant recebem um prêmio Grammy como *Best Hard Rock Performance* por seu compacto "Most High"
16 de março	Em Nova York, Page e Jones recebem um prêmio RIAA Diamond concedido ao Led Zeppelin por vendas de álbuns que excedem a 10 milhões
16 de junho	Page toca uma versão instrumental de "Dazed and Confused" num evento beneficente em Londres
27 de junho	Page toca com Black Crowes, Guy Pratt, Michael Lee, Steven Tyler e Joe Perry em um evento beneficente no Café de Paris, em Londres
23 de julho a 23 de dezembro	Plant apresenta uma série de shows de pequeno porte na Inglaterra e País de Gales, com seu grupo de folk-rock Priory of Brion
Setembro	Jones lança seu primeiro LP solo instrumental *Zooma*
2 de outubro a 22 de novembro	Jones excursiona pela Europa e EUA
9 de outubro	Page comparece ao Net Aid em Nova York, onde ele toca com Puff Daddy e Black Crowes
12 a 14 de outubro	Page toca em três noites no Roseland Ballroom, em Nova York, acompanhado pela banda Black Crowes
16 de outubro	Page e The Black Crowes são acompanhados no palco por Joe Perry do Aerosmith, no Centrum, em Worcester, Massachusetts
18 e 19 de outubro	Page se apresenta com The Black Crowes no Greek Theatre, em Los Angeles, resultando no LP *Live at The Greek*
23 de novembro	Edição de *Early Days: The Best of Led Zeppelin Volume One*
7 a 10 de dezembro	Jones toca em três noites no Japão

2000

Janeiro	Quatro composições do Led Zeppelin, "Rock and Roll", "Kashmir", "Whole Lotta Love" e "Stairway to Heaven" são listadas no VH1 "100 Greatest Rock Songs"
8 de fevereiro a 21 de dezembro	Plant excursiona pela Grã-Bretanha e Europa com Priory of Brion
29 de fevereiro	Page e The Black Crowes editam *Live at The Greek*
9 de março a 2 de abril	Jones excursiona pela América do Norte
21 de março	Edição do álbum (compilação) *Latter Days: The Best of Led Zeppelin Volume Two*
14 e 15 de abril	Jones faz dois shows na Itália
24 de junho a 12 de agosto	Page apresenta uma série de shows nos EUA com The Black Crowes. A turnê estava programada para ir até outubro, antes de seguir para a Grã-Bretanha e Europa, mas foi cancelada quando Page sofreu uma lesão nas costas. The Black Crowes, depois, processou o Lloyds of London por não honrar seu acordo de seguro
Novembro	O VH1 lista o Led Zeppelin como número um em sua contagem "Greatest Artists of Hard Rock"
17 de novembro	A John Paul Jones Orchestra abre para o King Crimson no The House of Blues, em Las Vegas, Nevada

2001

	Jones edita seu segundo álbum solo, *The Thunderthief*
Janeiro	O VH1 inclui *Led Zeppelin I*, *Led Zeppelin II* e *Physical Graffiti* na sua lista "100 Greatest Albums"
22 de abril a 2 de maio	Plant apresenta uma série de shows pela Escandinávia, com sua nova banda The Strange Sensation
2 de maio a 6 de junho	Plant apresenta uma série de shows na América do Norte; também se apresenta no Gwardia Stadium, em Varsóvia, Polônia
14 de agosto	Plant e The Strange Sensation começam a fazer shows esporádicos pela Europa
7 de julho	Page e Plant fazem show no Montreux Festival, na Suíça, onde "Candy Store Rock" do Led Zeppelin é tocada ao vivo pela primeira vez
8 de novembro	Jimmy Page toca "Thank You" do Led Zeppelin na premiação da MTV Europe, com Fred Durst (Limp Bizkit) e Wes Scantlin (Puddle of Mudd)
9 de novembro a 14 de dezembro	The John Paul Jones Orchestra em turnê pela América do Norte como apoio do King Crimson

2002

27 de janeiro	Jones toca com Julie Felix em um concerto beneficente em Salford. Também presentes Bill Wyman & The Rhythm Kings com Georgie Fame, Steve Harley, Kiki Dee e Roy Harper
5 de fevereiro	Plant e The Strange Sensation se apresentam em Bristol
9 de fevereiro	Plant se apresenta no Teenage Charity Concert, no Royal Albert Hall, em Londres
12 de abril	Jones se apresenta em outro show beneficente com Julie Felix, no Borders Bookshop, em Londres
22 de maio a 14 de novembro	Plant e The Strange Sensation fazem uma extensa turnê pela Grã-Bretanha, Europa e América do Norte; em julho e agosto eles dividem os shows com The Who, em várias datas nos Estados Unidos
16 de julho	Plant edita o LP *Dreamland*, estrelando seu novo grupo The Strange Sensation
22 de agosto	Plant assiste às celebrações do centenário da Cadillac em Detroit
19 de novembro	Edição da compilação combinada *Early Days and Latter Days*. O álbum irá atingir o 11º lugar no Reino Unido
31 de dezembro	Plant aparece no programa da BBC *Later...With Jools Holland*, no show de Ano Novo, apresentando "Let The Boogie Woogie Roll"

2003

8 de janeiro	Plant se apresenta no "Festival In The Desert", em Mali, com o guitarrista Justin Adams do Strange Sensation

28 de Fevereiro	Plant se apresenta na BBC TV, programa *ReCovered*
2 de Março	Jones se apresenta na festa dos 50 anos de Robyn Hitchcock, no Queen Elizabeth Hall, em Londres
20 de Março	Plant se apresenta na BBC TV, programa *Live Floor Show*
26 de Abril	Plant aparece no Ole Blues Festival, em Bergen, Noruega
26 de Maio	Edição do DVD *Led Zeppelin*. Vai se tornar o DVD de música com mais cópias vendidas da história
27 de Maio	Edição do álbum triplo *How The West Was Won*. Irá chegar ao topo das paradas de álbuns nos EUA, e vai atingir o Top 5 no Reino Unido
28 e 29 de Maio	Page, Plant e Jones gravam entrevistas para os programas *Tonight* e *Today* da NBC de Nova York
17 de Junho a 23 de Agosto	Plant faz uma série de shows no Reino Unido e Europa, incluindo apresentações em vários festivais
29 de Agosto e 1º de Setembro	Jones se apresenta no Japão como parte da "Guerras de Guitarra" ("Guitar Wars") com Nuno Bettencourt, Paul Gilbert e Steve Hackett
4 de Novembro	Plant lança uma coleção de suas gravações solo, intitulada *Sixty Six to Timbuktu*
6 de Dezembro	Plant canta no programa de Jools Holland na Radio 2
11 de Dezembro	Plant faz uma apresentação no Nobel Peace Prize Concert, em Oslo, Noruega
2004	
	Jones produz o LP *Outta Sight Outta Mind* do grupo The Datsuns
17 de Janeiro	Jones se apresenta no Barbican, em Londres, como parte do projeto "Musicircus" de John Cage
13 de Março	Jones se une a Steve Hackett no palco para um bis no Shepherds Bush Empire, em Londres. Plant faz um improviso com Vanilla Fudge no Rock Café 2000, em Stourbridge
1º de Maio	Jones se apresenta no "Midnight Jam" em Merlefest, Wilkesboro, Carolina do Norte
27 de Julho a 22 de Agosto	Jones faz turnê nos EUA com The Mutual Admiration Society
23 de Agosto	Jimmy Page inaugura a London Walk of Fame (Calçada da Fama de Londres) diante da Virgin Megastore, em Piccadilly
29 de Outubro	Jones faz sua primeira apresentação no Festival Mandolines de Lunel na França; ele tocará ali novamente em 2005 e 2006
7 de Novembro	Plant se apresenta na 9ª série anual do Rock And Roll Hall Of Fame *Tribute To Leadbelly* em Cleveland, Ohio, com Justin Adams, Alison Krauss, The Cleveland Four, The Tarbox Ramblers e Los Lobos
2005	
	Jones partipa do LP dos Foo Fighters *In Your Honour*
13 de Fevereiro	O Led Zeppelin recebe o prêmio Grammy Lifetime Achievement em Los Angeles
19 e 20 de Fevereiro	Plant se apresenta em Bristol em um show beneficente em prol das vítimas do *tsunami* ocorrido em 2004, no Oceano Índico
11 de Março a 27 de Abril	Turnê do Strange Sensation e Robert Plant pelos EUA, Reino Unido e Europa
25 de Abril	Lançamento internacional do LP de Plant e The Strange Sensation *Mighty ReArranger*, que será editado em maio no Reino Unido e USA, e alcançará os postos 4 e 22, respectivamente
9 a 13 de Maio	Plant comparece a vários *talk shows* nos EUA
3 e 4 de Junho	Plant e The Strange Sensation se apresentam em Isle of Man
11 de Junho	Plant e The Strange Sensation se apresentam no *46664 Arctic Concert* de Nelson Mandela, em Tromso, Noruega
15 de Junho	Page colabora no álbum de Jerry Lee Lewis *Last Man Standing*, tocando o solo na versão de Lewis de "Rock and Roll"
15 de Junho a 31 de Julho	Turnê de Plant e The Strange Sensation pela América do Norte
17 de Junho	Jones se apresenta no The Barbican London, com The Merce Cunningham Dance Company
20 e 21 de Agosto	Plant e The Strange Sensation tocam no V Festivals, em Chelmsford e Staffordshire. Cinco dias depois aparecerão no Rock En Seine, em Paris
5 de Setembro	Jones une-se a Nickel Creek para um bis em Londres
10 de Setembro a 6 de Outubro	Turnê de Plant e The Strange Sensation pela América do Norte
28 de Setembro	Jones se apresenta no concerto-tributo *Talking Bob Dylan*, no Barbican, em Londres
5 de Outubro	Plant canta com o Pearl Jam em um show em benefício das vítimas do furacão Katrina
10 de Outubro	Jimmy Page recebe um "Icon Award" na premiação da revista Q, no Grosvenor House Hotel, em Londres
27 de Outubro a 13 de Dezembro	Turnê de Plant e The Strange Sensation pela Grã-Bretanha e Europa
14 de Dezembro	Page é agraciado com um OBE
2006	
1º de Janeiro	Plant e The Strange Sensation tocam no programa de Andy Kershaw na BBC Radio
31 de Janeiro	Jones se apresenta com Robyn Hitchcock, Scott McCaughey, Peter Buck e Bill Rieflin no *pub* The Three Kings, em Londres
26 de Fevereiro	Plant canta com The Thrift Store All Stars na Califórnia
10 de Março a 7 de Abril	Turnê europeia de Plant e The Strange Sensation
4 de Maio	Plant e The Strange Sensation se apresentam no concerto em memória de Ali Farka Touré
22 de Maio	O Led Zeppelin recebe o prêmio Polar Music Prize em Estocolmo, Suécia
23 de Junho	Plant se apresenta no Arthur Lee Benefit Concert, em Nova York
30 de Junho	Plant canta no Montreux Jazz Festival, na Suíça
1º de Julho a 13 de Agosto	Plant e The Strange Sensation fazem uma série de shows pela Grã-Bretanha e Europa
14 de Setembro	Plant canta no Sunflower Jam Benefit, em Londres, realizado para levantar fundos para The Sam Buxton Sunflower Healing Trust, uma entidade beneficente de combate ao câncer
Outubro	Lançamento do DVD *Soundstage: Robert Plant and The Strange Sensation*, gravado ao vivo em Chicago, em setembro de 2005
14 de Novembro	O Led Zeppelin é introduzido no Music Hall of Fame versão Reino Unido
21 de Novembro	Edição da caixa de Plant *Nine Lives*
23 de Dezembro	Plant canta no Kidderminster Town Hall com The Return Of The Honeydrippers
2007	
14 de Fevereiro	Plant se apresenta em Dudley, com The Return Of The Honeydrippers
10 de Março	Plant e The Strange Sensation são a atração principal do Desert Rock Festival, em Dubai
7 de Abril	Plant se apresenta com Tinariwen em Paris
26 a 28 de Abril	Jones participa do Merlefest, em Wilkesboro, Carolina do Norte
10 de Maio	Jones se apresenta no Syd Barrett Tribute Show no Barbican, em Londres
15 a 17 de Junho	Jones se apresenta no palco do Bonnaroo Festival, no Tennessee, juntamente com Uncle Earl, Gillian Welch, Ben Harper e Gov"t Mule
22 de Junho a 1º de Agosto	Turnê de Plant pela Europa, acompanhado por The Strange Sensation
30 de Julho a 4 de Agosto	Jones acompanha Robyn Hitchcock na Itália e Noruega
18 de Agosto	Plant e The Strange Sensation são a principal atração do Green Man Festival, em Powys, em Gales
12 de Setembro	De acordo com os rumores persistentes, a *NME* confirma que o Led Zeppelin vai se reorganizar para um único show no O2 Arena, em Londres
14 de Setembro	Jones se apresenta com Robyn Hitchcock no Road Festival, em Dorset
24 de Setembro	Edição de *Goin" Home: A Tribute To Fats Domino*, com duas faixas cantadas por Robert Plant
5 de Outubro	Plant se apresenta em um show beneficente em favor do Children"s Hospital de Birmingham
23 de Outubro	Plant e Alison Krauss editam seu álbum feito em dupla *Raising Sand*
24 de Outubro	Plant se apresenta no *Today Show* da NBC, em Nova York, com Alison Krauss, T-Bone Burnett, Buddy Miller, Marc Ribot, Jay Bellerose e Dennis Crouch
30 de Outubro	Plant e Alison Krauss aparecem no programa de Mark Radcliffe & Stuart Maconie, na BBC Radio
8 de Novembro	Lançada a rádio em canal digital XM LED, dedicada ao Led Zeppelin
13 de Novembro	A compilação *Mothership* do Led Zeppelin é editada
20 de Novembro	Edição da versão remasterizada de *The Song Remains The Same*

10 de Dezembro	O Led Zeppelin reunido, com Jason Bonham na bateria, toca no concerto em homenagem a Ahmet Ertegun no O2 Arena, em Londres
	2008
Janeiro	É noticiado que Plant recusou uma oferta de 200 milhões de dólares para fazer uma turnê com o Led Zeppelin reformado
4 de Fevereiro	Jones se apresenta no *Folk Awards* da BBC Radio 2
10 de Fevereiro	Jones conduz a orquestra que acompanha The Foo Fighters no Grammy Awards, em Los Angeles
14 de Abril	Plant e Alison Krauss vencem na categoria "Wide Open Country Video Of The Year" por "Gone, Gone, Gone (Done Moved On)", na CMT Awards, em Nashville, Tennessee
19 a 26 de Abril	Plant e Alison Krauss saem em turnê pelos estados do Sul dos EUA
30 de Abril	Jones toca no Bergenfest, na Noruega
5 a 22 de Maio	Plant e Alison Krauss em excursão pela Grã-Bretanha e Europa.
9 de Maio	Plant, Alison Krauss e T-Bone Burnett se apresentam no programa da BBC *Later ...With Jools Holland*, tocando "Gone Gone Gone (Done Moved On)", "Killing The Blues" e "Rich Women"
2 de Junho a 19 de Julho	Turnê de Plant e Alison Krauss pela América do Norte
7 de Junho	Page e Jones se unem ao Foo Fighters no palco para um bis no Wembley Stadium. Eles tocam "Rock and Roll" e "Ramble On"
20 de Junho	A Universidade de Surrey contempla Page com o título de doutorado honorário por seus serviços pela indústria musical
9 de Agosto	Plant se une a Kristina Donahue e Fairport Convention no Cropredy Festival, em Oxfordshire, e apresentam "The Battle of Evermore", em tributo a Sandy Denny
24 de Agosto	Page toca "Whole Lotta Love" com Leona Lewis na cerimônia de fechamento dos Jogos Olímpicos em Beijing
3 de Setembro	Led Zeppelin recebe o prêmio por *Outstanding Achievement* ("realização proeminente") no *GQ* Men of the Year Awards, no Royal Opera House de Londres
9 de Setembro	Plant e Alison Krauss são indicados e comparecem ao Mercury Music Prize
5 de Setembro	O filme documentário *It Might Get Loud*, coproduzido por Page e Davis Guggenheim recebe sua première no Toronto Film Fesival
23 de Setembro a 5 de Outubro	Plant e Alison Krauss fazem uma série de shows nos EUA
13 de Outubro	Surgem rumores que Page, Jones e Jason Bonham estão planejando uma excursão do Led Zeppelin com o cantor-compositor Myles Kennedy no lugar de Plant
4 de Novembro	Edição da caixa com 12 CDs *Definitive Collection*
11 de Dezembro	Page toca no Orange Peel, Asheville, na Carolina do Norte, aparecendo ao lado de Del McCoury Band, Warren Haynes e Gov"t Mule
12 e 13 de Dezembro	Jones se apresenta no Asheville Civic Centre, na Carolina do Norte, aparecendo com The Allman Brothers Band, Michael Franti, Ben Harper e Gov"t Mule, entre outros
	2009
Janeiro	A *NME* publica que o Led Zeppelin não irá excursionar novamente, com ou sem Robert Plant
8 de Fevereiro	Plant e Alison Krauss recebem cinco prêmios na cerimônia do 51º Grammy Awards, em Los Angeles

Agradecimentos

Todas as fotografias por © Getty Images exceto as seguintes © Atlantic Publishing:
10, 48, 49, 52, 53, 64, 67, 72, 73, 82, 109, 112, 114, 122, 215.